模式识别在金融数据分析中的
应用研究

陈善雄　张卫国　著

科学出版社
北京

内 容 简 介

本书从计算机科学的角度研究金融数据中的规则,力图发现和挖掘出海量金融数据中的隐藏信息。书中从计算机科学的模式识别理论和相关技术出发,利用深度信念网络进行金融异常检测,去发现隐藏在金融交易后面的那些欺诈行为;利用非负矩阵分解去研究股指的波动,进而预判证券市场的震荡;把卷积神经网络改造为一个信用评分模型,为信贷提供决策支持;通过决策树得到股市预测模型的前提,然后引入情感数据来修正预测结果;建立以股票技术指标为基础,股民情绪分析为辅助的方法较为准确地对股市走势进行预测。

本书可作为高等学校高年级学生和研究生的参考教材,也可作为从事大数据处理、人工智能、金融数据分析的科研和技术工作人员的参考用书。

图书在版编目(CIP)数据

模式识别在金融数据分析中的应用研究/陈善雄,张卫国著.—北京:科学出版社,2019.12
ISBN 978-7-03-063936-3

Ⅰ.①模… Ⅱ.①陈… ②张… Ⅲ.①模式识别-应用-金融-数据处理-研究 Ⅳ.①F830.41

中国版本图书馆 CIP 数据核字(2019)第 300289 号

责任编辑:闫 悦 / 责任校对:樊雅琼
责任印制:吴兆东 / 封面设计:迷底书装

*科学出版社*出版
北京东黄城根北街16号
邮政编码:100717
http://www.sciencep.com

北京中石油彩色印刷有限责任公司 印刷
科学出版社发行 各地新华书店经销

*

2019年12月第 一 版 开本:720×1000 B5
2019年12月第一次印刷 印张:6 3/4
字数:126 000
定价:99.00元
(如有印装质量问题,我社负责调换)

前　言

　　金融运行的异常情况将会直接影响到国家宏观经济的正常运行。能否保证国家宏观经济的平稳运行，关键在于是否可以有效地对金融运行的异常进行统计监测。传统的金融统计检测主要依赖金融指标趋势分析和一些数理统计分析，这对于海量的金融数据而言，无法发现隐藏、潜在的异常特征。本书把模式识别的相关理论和技术应用于金融领域的异常行为分析，构建出针对金融运行中各种数据的分析、挖掘、检测的系统，实现对海量金融数据中隐匿的异常情况甄别。

　　本书针对金融领域的欺诈情况，根据模式识别中的深度学习理论提出了一种深度信念网络的欺诈检测模型，通过多层训练、不断调优的过程建立针对信用卡交易的欺诈检测模型。采用深度信念网络进行有监督训练后，欺诈检测的精度高于传统的检测方法，而带来的时间开销增长不多。该检测模型适用于对时间响应要求不高的离线欺诈检测，且具有清晰的系统检测结构，易于大规模部署。另外针对股指波动检测问题，提出了一种采用非负矩阵分解实现股指波动检测的方法。非负矩阵分解能有效地从大量的股指数据中提取出最具特征表达的权系数矩阵，而构成该矩阵的向量则隐式表达了股指特征，该特征序列也是具有时序性的。然后进一步用小波对这些时序向量进行分解，从分解后产生的波形中判断出异常波动。针对金融领域的信用贷款问题，引入了卷积神经网络用于贷款违约的预测，建立了 CNN 的贷款预测框架。通过数据整理、特征抽取和分类预测迅速判断个人是否存在违约风险。在对证券市场数据分析及预测中，依靠决策树模型得到股市预测的初始结果，然后引入了情感数据来修正预测结果，将初始结果与情绪指标相结合得到最终的预测结果。凭借以股票技术指标为基础，股民情绪分析为辅助的方法较为准确地对股市走势进行预测。

　　本书在编写过程中，得到肖国强教授、熊海灵教授的大力支持，他们给予了许多宝贵的意见。同时研究生刘绪新、张翔、苏本朋、林小渝等完成书中图表的制作及文字的校订，在此表示衷心的感谢。

　　由于作者水平有限，书中难免存在疏漏与不妥之处，敬请读者批评指正。

作　者
2019 年 8 月

目　录

前言
第1章　绪论 ··· 1
 1.1　研究背景 ·· 1
 1.2　研究目的及意义 ··· 1
 1.3　国内外研究现状 ··· 2
 1.4　本书结构安排 ·· 4
 1.5　本章小结 ·· 5
第2章　金融异常检测概述 ·· 6
 2.1　金融异常的基本概念 ·· 6
 2.2　金融异常检测的背景 ·· 7
 2.3　异常检测的方法 ·· 8
 2.4　基于数据挖掘的金融异常检测 ·· 9
 2.5　本章小结 ·· 10
第3章　深度学习理论 ··· 12
 3.1　深度学习背景 ·· 12
 3.2　深度学习的基本思想 ·· 13
 3.3　深度学习的常用模型或者方法 ·· 13
  3.3.1　自动编码器 ·· 13
  3.3.2　稀疏编码 ··· 16
  3.3.3　限制玻尔兹曼机 ··· 19
  3.3.4　深度置信网络 ·· 21
 3.4　本章小结 ·· 23
  3.4.1　深度学习总结 ·· 23
  3.4.2　深度学习未来 ·· 24
第4章　DBN在欺诈检测中的应用 ·· 25
 4.1　传统的欺诈检测技术 ·· 25
 4.2　信用卡欺诈检测的基本概念 ··· 27
 4.3　信用卡的欺诈检测技术 ··· 28
 4.4　DBN的原理 ·· 30
  4.4.1　受限玻尔兹曼机 ··· 30

  4.4.2 深度信念网络···32
 4.5 基于 DBN 的信用卡欺诈检测···34
  4.5.1 基于 DBN 的信用卡欺诈检测模型·································34
  4.5.2 DBN 模型训练··35
  4.5.3 实验结果及分析···36
 4.6 本章小结···39

第 5 章 基于非负矩阵分解的股票异常波动的识别·············40
 5.1 异常数据在股票市场中的产生原因·····································40
  5.1.1 宏观经济的影响···40
  5.1.2 投资者行为的影响··41
  5.1.3 政策的影响··42
  5.1.4 制度的影响··43
 5.2 异常检测方法···43
 5.3 非负矩阵分解方法···44
 5.4 基于非负矩阵分解的股票市场异常波动检测·······················45
 5.5 实验分析···47
 5.6 本章小结···52

第 6 章 基于 CNN 的贷款违约预测···53
 6.1 贷款违约检测研究现状···53
 6.2 基于 CNN 的贷款违约预测···55
 6.3 基于评分融合的卷积神经网络的贷款违约预测·····················56
  6.3.1 网络结构··56
  6.3.2 评分融合结构···59
  6.3.3 模型训练··60
 6.4 贷款违约预测框架···63
 6.5 实验及分析··63
  6.5.1 数据集···63
  6.5.2 测试结果··64
  6.5.3 特征重要性度量···66
 6.6 本章小结···67

第 7 章 基于决策树及情感辅助的股票预测·····························68
 7.1 决策树理论与股指数据获取···68
  7.1.1 股票指标··68
  7.1.2 分词处理与特征提取···70
  7.1.3 决策树理论··72

  7.1.4 网络爬虫流程设计 ·· 73
  7.1.5 文本处理与情感分类 ·· 77
 7.2 股票预测模型 ·· 79
  7.2.1 基于股市指标的决策树模型 ···································· 79
  7.2.2 决策树模型的实现以及结果展示 ······························ 85
 7.3 决策树模型的验证 ·· 88
  7.3.1 情绪结果的融合决策树 ·· 88
  7.3.2 决策树模型验证 ··· 88
 7.4 本章小结 ·· 93
第8章 总结与展望 ·· 94
 8.1 本书总结 ·· 94
 8.2 研究展望 ·· 95
参考文献 ·· 96

第1章 绪 论

1.1 研究背景

现代金融业已经成为一国社会经济发展的重要推动力和国家竞争力的重要组成部分。在全球经济一体化的今天，金融业面临着更大的机遇与挑战，对金融市场本质规律的认识和把握更直接关系到金融市场的稳定、高效与安全，探索金融市场的变化规律，提高金融管理与投资的效率也成为各国政府与投资机构孜孜以求的目标之一。

在实际的金融运行过程中，由于受各种经济因素和非经济因素的影响，金融市场总是处于频繁波动之中。在这个庞大的金融系统中，体制的不完善、上市公司行为的不规范，以及投资者的不成熟等因素，使得异常波动更加明显。而且往往受到各方面因素的多重影响，具有非常复杂的运动规律，很多时候往往以时间序列数据作为其综合外在的表现形式。由于金融市场中的数据以时间序列形式为主，因此，金融市场分析常常被称为金融时间序列分析。金融时间序列的异常情况反映和刻画了金融市场波动的基本特征，异常数据可能是一些重大或极端事件在金融市场中的反映，其本身也蕴含了金融市场波动的客观规律。金融时间序列异常检测对于全面、准确地认识和把握金融市场的波动规律，加强宏观管理和调控，都具有十分重要的理论价值和实践意义。金融运行的异常情况将会直接影响到国家经济的正常运行，能否保证国家经济的平稳运行，关键在于是否有效地对金融运行的异常进行统计监测。

1.2 研究目的及意义

从具体经济行为来看，对金融运行异常进行统计监测具有深刻的现实意义。通过对金融运行异常情况进行实时监测，可以帮助金融机构及早发现资金流动中出现的异常，分析异常的原因，预测未来的变化趋势，从中发掘可能存在的风险，及早采取预防措施（如调整市场利率、保险费率、股票价格等），将风险带来的损失降到最低，提高抵御金融风险的能力，保证整个金融市场的稳定。历史上1997年发生的东南亚金融危机，2007年爆发的由美国次贷危机引起的"金融海啸"，2010年的欧债危机等，如能提前监测到异常，并采取积极措施，就能有效地减少金融危机带来的负面影响。特别在 2016 年，中国开年股市触发的多次熔断，正是金融系统出现异常波动的表现，这极大影响了股票市场投资的稳定性。因此，通过对金融数据的异常分析和检测，能提前预知可能存在的风险，采取相应的应对措施，这样既有利于金融机构的自身发展也有利于实体经济的发展。

随着计算机技术、人工智能技术的不断成熟和发展，针对金融领域的大数据处理和分析更多采用了计算机领域的数据挖掘、模式识别、机器学习的相关理论和方法，来对金融领域的异常情况进行甄别和检测。越来越多那些见诸于计算机科学专业领域的数据处理技术和方法，被迁移到金融领域，极大地提高了金融运行的效率，且取得了较大的成功[1]。例如，神经网络、贝叶斯网络、遗传算法、马尔可夫链等智能的方法或算法已被成功地用于金融领域的分类决策和异常检测[2]。如图 1-1 所示，基于金融数据的异常检测流程，通过数据收集、预处理，然后输入到分析检测引擎中利用智能检测方法发现异常情况，并进行模式评估，最后利用响应策略采取相应的处理措施。可以看出，计算机技术在金融数据的异常检测中，有着系统的方法和框架，进一步研究更高效、稳定的金融异常检测技术也是建立健全完善的金融安全体制的需要。

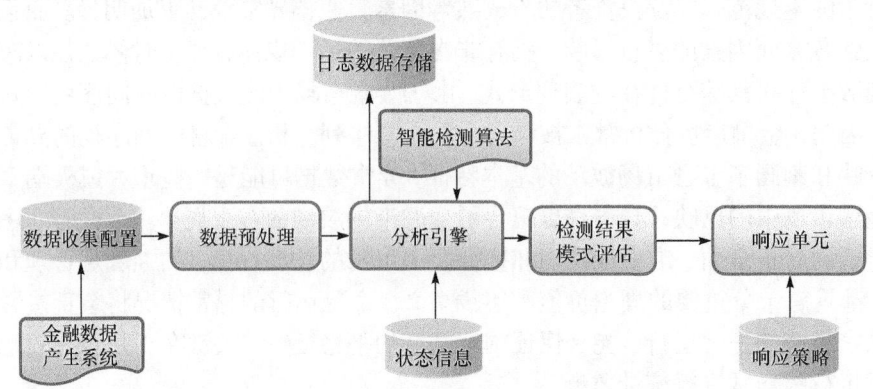

图 1-1　金融数据的异常检测流程

1.3　国内外研究现状

早在 20 世纪 60 年代，有些学者就已经对金融波动进行了相关研究，Fama 和 Mandelbrot 通过研究发现了金融波动的聚类性[3,4]。自从研究者们意识到金融市场的波动与时间有相关性后，便爆发了对金融波动的研究热潮，特别是在 Engle 提出自回归条件异方差模型（autoregressive conditional heteroskedastic model，ARCH）的基本框架后[5]，有关金融波动的理论和模型得到了快速的改进和发展。

相关研究指出，金融波动往往与金融收益时间序列是低阶相关或者是不相关的，但也并不是独立的。建立金融波动模型就是为了刻画金融收益序列的这种特征。当前，描述低频数据金融波动的模型主要有两类。一类是采用确定的函数来描述收益率方差的变化。最早由 Engle 提出了 ARCH 模型，采用了自回归条件异方差来分析金融市场的收益率，建立了金融市场波动的检测标准[5]。之后，1986年 Bollerslev 提出了广义自回归条件异方差（generalized autoregressive conditional heteroskedasticity，GARCH）[6]模型，并在 1987 年对 GARCH 模型进行了进一步发展，允许 GARCH 模型的误差服从 student-t 分布来适应数据的高峰度特征[7]。为了使模型适应正负方差变化对条件方差产生不同影响，1993 年 Glosten 等提出了 GJR 模型，增强了对方差偏离的平滑处理，提高模型检测的准确性[8]。除此之外，采用确定性函数建立方差分析模型的还有 Nelson 提出了指数广义自回归条件异方差（exponential generalized autoregressive conditional heteroskedasticity，EGARCH）模型[9]以及 Tsay 提出了条件异方差自回归滑动平均（conditional heteroskedastic autoregressive moving average，CHARMA）模型[10]。另一类模型是用随机方程来描述收益率序列的方差。Melino 和 Turnbull 提出的随机波动（stochastic volatility，SV）模型是把金融时间数据分段成序列，通过计算收益率来检测波动情况[11]。上述两类模型主要应用于刻画低频数据的特征，并不能直接用于高频或者超高频数据。目前，在高频或者超高频金融数据的建模方面，取得了一些研究成果，例如，在 GARCH 类模型基础上发展的弱 GARCH 模型和异质 ARCH 模型等[12]，但是还没有一个被普遍认可的模型框架。Andersen 和 Bollerslev 于 1998 年提出了"已实现"波动的测量方法[13]，通过"已实现"波动理论，把高频数据的金融波动转换成一个可观测的时间序列，如此就可以采用常规的标准时间序列分析方法对高频数据进行建模研究。在多变量的情况下，"已实现"波动理论还可以克服多元 GARCH 模型和多元 SV 模型参数估计中的"维数灾难"问题[14]。

  金融波动相关理论和模型的研究，主要集中于异常波动的分析，具有时间序列的金融数据中的异常波动通常会导致模型参数估计偏差、较低的波动预测准确性以及得出一些无效的结论等。因此，对金融时间序列中的异常值检测具有重要意义，特别是金融数据建立模型的时候。1998 年，Sakate 和 White 将金融时间序列中的异常值分为两类，加性水平异常值和加性波动异常值，前者不影响潜在波动的变化，而后者则会对潜在波动造成影响[15]。Bilen 和 Huzurbazar 提出了一种基于小波的异常值检测方法[16]，但该方法检测到的异常值的平均错误率很高。Franses 等和 Doornik 等提出了一种通过多次循环建立 GARCH 模型的方法检测异常值[17,18]。Zhang 和 King 进一步发展了一种基于曲率的方法来检测小扰动在回归分析和 GARCH 模型中的影响，也被用来检测异常值[19]。Grané 和 Veiga 以金融时间序列的 GARCH 模型残差为基础，提出了检测并定位异常的方法，并对道琼斯指数的历史数据做了实证分析，能够检测出历史上股市因发生重大事件而表现出的较大波动[20]。曲吉林在金融时间序列的异常检测中运用数据挖掘技术，提出了一种基于 Voronoi 图的异常检测方法[21]，解决了基于密度的检测方法中的参数设置引起的检测结果错误带来的敏感性问题。金融系统本身也是一个复杂系统，因此复杂系统理论亦可用于金融数据的检测。最早由 Ray 于 2004 年提出的 D-Markov 模型就是基于复杂系统隐含模式的时间序列数据快速检测方法[22]。之后，Chin 等进一步在异常检测领域将该模型与统计方法和神经网络方法进行对比，发现 D-Markov 模型更优于其他两种方法[23]。

1.4 本书结构安排

本书首先介绍金融异常检测的相关概念，现有的检测理论及方法，然后对数据挖掘在金融异常检测的研究现状进行分析；之后对深度学习理论和算法进行了介绍，并在此基础上提出了采用深度信念（置信）网络对金融欺诈进行检测；随后介绍了基于非负矩阵分解的股票异常波动的识别，以及采用了卷积神经网络对贷款违约进行预测的方法及系统，利用决策树与股民情感分析结合的方法建立股票市场预测模型。通过一系列的实验验证及分析，证明了所提出的相关方法的有效性，为国内金融行业开展异常行为分析提供了思路和参考。

本书分为 8 章。

第 1 章 为绪论部分，概述金融异常检测的研究目的和意义，相关异常技术的国内外研究现状以及本文的研究内容和方法。

第 2 章 介绍了金融异常检测相关概念和常见的检测方法，对现有方法进行对比总结。进一步阐述了数据挖掘技术用于金融异常检测的理论基础及流程。

第 3 章 对深度学习进行了系统的介绍，从基本理论和思想到深度学习的训练方法进行了详细分析。特别对后面章节涉及的卷积神经网络、深度置信网络进行原理阐述，给出了系统实现的结构。

第 4 章 提出了一种深度信念网络的欺诈检测模型，通过多层训练，不断调优的过程建立针对信用交易的欺诈检测模型。

第 5 章 把稀疏编码与矩阵分解结合，提出了一种采用非负矩阵分解实现股指波动检测的方法。

第 6 章 把卷积神经网络(convolutional neural network, CNN)用于贷款违约的预测，建立了 CNN 的贷款预测框架，并在传统的 CNN 基础上演绎出了 5 个模型，然后再进行评分融合得到最佳预测结果，该模型能够为贷款分析与决策提供重要支持。

第7章 利用决策树得到股市预测模型，然后引入了情感数据来修正预测结果。建立以股票技术指标为基础，股民情绪分析为辅助的方法较为准确地对股市走势进行预测。

第8章 总结本书研究所取得的成果和不足之处，并展望基于深度学习技术的在金融领域进行异常检测的应用前景。

1.5 本章小结

本章概述了金融异常的研究背景和意义，并通过异常领域相关文献资料阐述了当前国内外对于异常识别技术的研究现状，明确了本书研究的目的和采用的方法，为后面各章节的研究指明了方向。

第 2 章　金融异常检测概述

2.1　金融异常的基本概念

异常检测是数据挖掘的一个重要方面，主要任务是从给定数据中识别异常或不寻常的数据。异常检测涉及到从数据集合中自动发现有趣的和奇异的模式。当前，异常检测已被广泛研究。在统计学和机器学习中，它也被称为孤立点检测、偏差检测、奇异检测和异常挖掘。通常，我们认为异常是重要的，因为它们反映出重大且罕见的事件，所以在相应的领域中，针对异常情况可以迅速采取对应的策略。例如，在对医学 MRI 图像的异常检测中，异常可能意味着恶性肿瘤的存在[24]；而信用卡交易的异常行为可能表明欺诈活动[25]；在网络中的一个不寻常的流量模式可能意味着计算机遭受到了攻击（如拒绝服务攻击，蠕虫病毒等）[26]。这里我们主要研究金融领域的异常检测问题。通过对现有异常检测技术的研究和分析，结合金融领域的特点，把机器学习、模式识别的相关理论和方法应用于金融异常检测，实现快速、准确地甄别潜在的金融异常。

表 2-1 展示了一组在不同领域应用不同检测方法的调查分析表。Chandola 等提供了包含多种技术的调查分析[27]。在该分析表中，Sabau[28] 采用聚类技术对欺诈检测进行了研究，但并没有给出详细的实施方案。在这份调查报告中，也提出了采用有监督学习的智能算法对异常进行检测，如支持向量机（support vector machine）。Phua 等[29]分类、比较并总结了大量有关自动欺诈检测的现有技术和文献，然而，在这之后的十年，各种新欺诈方式仍层出不穷。Patcha 等[30]和 Hodge 等[31]提出了基于监督、无监督和聚类方法的各种异常检测技术，但不适用于欺诈检测。Markou 等[32]也对异常检测进行研究，但仅限于有监督的方法。

表 2-1　异常检测综合性能对比

方法	监督	非监督	聚类	欺诈检测	数据问题
Ahmed		√	√	√	√
Sabau[28]		√		√	
Chandola[27]	√	√		√	
Patcha[30]	√	√	√		

续表

方法	监督	非监督	聚类	欺诈检测	数据问题
Bakar	√	√			
Phua[29]	√	√			
Hodge[31]	√	√	√	√	
Markou[32]	√	√	√		
Beckman	√				

2.2　金融异常检测的背景

随着数据的迅速增加与数据分析方法的滞后之间的矛盾越来越突出，人们也希望能够在对已有的大量数据分析的基础上进行科学研究、商业决策或者企业管理，但是目前所拥有的数据分析工具很难对数据进行深层次的处理，使得人们只能望"数"兴叹。数据挖掘正是为了解决传统分析方法的不足，并针对大规模数据的分析处理而出现的，数据挖掘从大量数据中提取出隐藏在数据之后的有用的信息，它被越来越多的领域所采用，并取得了较好的效果，为人们的正确决策提供了很大的帮助。

数据挖掘是从大量的、不完全的、有噪声的、模糊的、随机的数据中提取人们感兴趣的知识和规则的过程，这些知识和规则是隐含的、先前未知的、对决策有潜在价值的有用信息。通过数据挖掘，有价值的知识、规则或高层次的信息就能从数据库的相关数据集合中抽取出来，为决策提供依据，从而使数据库作为一个丰富可靠的资源为知识归纳服务。数据挖掘和知识发现（knowledge discovery in database，KDD）有密切的联系。知识发现是指从数据库中发现有用知识的整个过程，数据挖掘是这一过程中的一个特定步骤。知识发现包括数据选择、预处理、数据转换、数据挖掘、模式解释和知识评价等多个步骤，是应用特定数据挖掘算法和评价解释模式的一个循环反复过程，并要对发现的知识不断求精深化，使其易于理解；数据挖掘是知识发现过程中的一个关键步骤，它利用特定的数据挖掘算法从数据中抽取模式，不包括数据的预处理、领域知识结合及发现结果的评价等步骤。

作为一种常用的数据挖掘算法，聚类算法已经被应用到很多领域，并且算法效率不断地被提高，应用范围也越来越广泛。在聚类算法的发展过程中诞生了很多著名的算法，其中按照聚类方法大体可分为五类：基于划分的方法（K-means，

PAM，CLARANS…）[33]、基于层次的方法（BIRCH，CURE，Chamelone…）、基于密度的方法（DBSCAN，DENCLUE…）、基于网格的方法（STING，WaveCluster）以及基于模型（COBWEB…）的方法[34]。基于划分方法的 K-means 中心点算法是基于最小化所有对象与其参照点之间的相异度之和的原则来执行的，当存在噪声和孤立点数据时，该算法比 K-means 平均距离算法更加健壮，但是需要更高的代价；基于层次方法的 BIRCH（balanced iterative reducing and clustering using hierarchies）算法是一个增量算法，适用于大型数据库，但面对噪声和孤立点时却无能为力[35]。

随着经济的发展，在金融领域的欺诈行为已经越来越多，为防止和检测金融欺诈所带来的费用也逐年增加。调查表明，美国金融机构每年的欺诈损失占其年收入的 6%，相当于美国每年的 GDP 损失数千亿美元。英国欺诈损失总额每年也达到了 140 亿英镑。欺诈行为不仅给金融机构带来巨大的经济损失，而且给金融机构造成信誉和形象上的重大负面影响。

欺诈行为在金融服务领域非常普遍，大型数据库管理系统是金融机构广泛使用的一种基本系统软件，在大型数据库系统中采用数据挖掘的方法是检测金融欺诈的一种先进的技术手段。在大量的业务数据中对数据进行挖掘分析并找出相应的规则、规律、论断，再结合人工分析，是检测金融欺诈的一种有效的方法。

金融欺诈所涉及的交易行为，一般具有非正常或非正义交易的属性，由于缺乏与实体经济活动相一致的资金运动规律，或有异于一般客户和账户具有的行为特征，从而呈现出各种异常的特征，包括交易对象异常、交易数量异常、资金走向异常等。如果能建立一定的模型，识别异常信息并分析评判，便可以及时发现问题，避免各种损失。而数据挖掘技术在这一领域有着广泛的应用前景。

2.3 异常检测的方法

从国内外目前的研究现状来看，金融时间序列异常检测主要分为基于统计学的方法和基于数据挖掘的方法两大类。

1. 基于统计学的方法

1972 年 Fox 将统计诊断的思想引入时间序列分析，发表了关于平稳时间序列中异常点检测的第一篇论文，提出了时间序列异常的概念[36]，Barnett 和 Lewis 对基于统计学的异常检测方法进行了系统的总结[37]。

传统的时间序列异常检测方法主要是基于统计学的模型法，如 ARMA、ARCH 和 GARCH 类模型等[5,38]。这些模型是在坚实的数学理论和假设的基础上，通过演绎推理的方法建立起来的，只要假设合理，所得出的结论就是正确的，具有严密的逻辑性。模型法已经被广泛地应用到金融等其他自然和社会科学领域,美国经济学家 Engle 就因其 1982 年针对金融时间序列所提出的 ARCH 模型,而荣获 2003 年度诺贝尔经济学奖。李子奈等将模型法用于我国宏观经济统计数据结构变化分析[38],黄后川等利用 ARIMA 模型对我国股票市场波动率的高频估计与特性进行了分析[39],都取得了比较好的效果。

2. 基于数据挖掘的方法

近年来,随着信息技术的发展,数据挖掘技术开始应用到金融时间序列异常检测中。数据挖掘是一种基于归纳的方法,不需要平稳性、正态分布、线性等假设,同时也借鉴了模型法中的一些非线性建模方法,可以处理大规模的高频金融数据,将成为未来异常检测的发展方向[40]。

基于数据挖掘技术的金融时间序列异常检测的基本思路是:采用时间序列特征表示方法,提取时间序列的主要特征,将时间序列映射为 d 维空间中的点;然后利用数据挖掘中的异常检测方法,找出时间序列的异常点。

目前,基于数据挖掘技术的金融时间序列异常检测方法主要分为基于距离的方法、基于密度的方法、基于聚类的方法和基于偏差的方法,以及近年来发展起来的支持向量机、神经网络、马尔可夫链模型和遗传算法等,其中,基于密度的方法由于检测效率和准确性高,是当前研究和应用的主要方法。

基于密度的异常检测方法是 Breunig 等提出的[41],其基本原理是根据某点 K 邻域内点集的分布密度,与融 K 邻域内的其他点相比较,得到局部异常因子(local odd factor,LOF),描述一个点的异常程度。基于密度的方法虽然在检测准确性和效率等方面比统计学方法以及其他数据挖掘方法具有明显的优势,但是仍然存在以下缺陷:

①在计算异常因子时需要确定参数 k 和 MinPts,不仅需要用户具有相关领域的先验知识,而且检测结果对 k 和 MinPts 的选择非常敏感;

②对于密集区域的边缘点,基于密度的方法确定的异常因子不准确,容易造成检测结果错误;

③算法的时间复杂性比较高,达到 $O(dn^2)$,其中,d 为数据的维数,n 为数据集中点的个数,对大规模数据的检测效率不够理想。

2.4 基于数据挖掘的金融异常检测

从数据挖掘的观点来看,对于金融异常检测主要从以下几个方面进行分析。

一是异常数据，这包括相对于自身的异常数据和相对于其他群体的异常数据。相对于自身的异常数据易于发现，而相对于其他群体的异常数据检测比较困难。发掘异常数据主要用到数据挖掘的异常检测技术。二是无法解释的关系，例如在医疗账单中，相当多的人有相同的医生和相同的住址。证实这种无法解释的关系可以利用关联分析、聚类分析和异常检测技术。三是通常意义下的欺诈行为，一旦一个欺诈行为被证实，那就可以使用它来帮助确定其他可能的欺诈行为。例如，利用这些行为特征来训练和测试一个神经网络模型，从而利用该模型检测类似的欺诈行为。这主要用到了数据挖掘的分类预测技术。

利用数据挖掘技术进行欺诈检测的基本流程包括数据选择和清洗，数据预处理和转换，数据挖掘和模型发现，知识解释四个步骤。

（1）数据选择和清洗。应用数据挖掘进行金融欺诈检测，首先要考虑的是哪些数据是有用的，以及从哪里获得这些数据。这是数据挖掘的第一步。

（2）数据预处理和转换。数据挖掘通常需要处理海量的原始数据。数据的预处理是指对原始数据进行性质转化和无量纲化处理，如对正向指标和负向指标需要进行一致化处理，使各指标同趋势化；对不同机构的指标需进行无量纲化处理使其具有可比性。该过程包括数据清洗、数据整合、特征向量提取等众多辅助数据产生的方法。目的是为了提炼出可以作为欺诈检验参数的特征数据。

（3）数据挖掘和模型发现。这一过程是通过运用数据挖掘的四大类技术对收集的数据进行实时的欺诈检测，对欺诈的潜在环节进行定位，并找出隐藏欺诈模式。例如，用户重复支付、重复出具发票、重复挂失、异常大额消费或存款、员工业务量异常变化等可以迅速被确定并生成报告。对于严重违规操作可以通过系统进行紧急处理，如取消员工交易权限、冻结账号等。

（4）知识解释。这一过程主要是对生成的挖掘报告做专家人工核对，对检测的结果做进一步的确认，剔除误判，对系统模型进行调整改进。对于金融欺诈检测来说，这一步就是确认欺诈行为的一个重要步骤。通过这一步骤可以提高数据挖掘的有效性和准确率。

最后需要说明的是，以上四个步骤是个循环反复的动态过程，只有在动态运行过程中，才有可能对数据挖掘模式进行动态调整，从而才有可能把握住不断变化的金融欺诈方式。

2.5 本章小结

本章对金融异常的基本概念进行了介绍，并对进行金融异常分析研究的背景进行了阐述。总结和归纳了现有的异常检测的理论和方法——基于统计学的方法、基于数据挖掘的方法。并进一步说明了采用数据挖掘的方法对金融异常情况进行检测的流程，为后面采用深度学习理论进行金融异常分析提供了基础。

第 3 章 深度学习理论

3.1 深度学习背景

机器学习（machine learning）是一门专门研究计算机怎样模拟或实现人类的学习行为，以获取新的知识或技能，重新组织已有的知识结构使之不断改善自身性能的学科。机器能否像人类一样具有学习能力呢？1959 年美国的塞缪尔（Samuel）设计了一个下棋程序，这个程序具有学习能力，它可以在不断的对弈中改善自己的棋艺。4 年后，这个程序战胜了设计者本人。又过了 3 年，这个程序战胜了美国一个保持 8 年之久的常胜不败的冠军。这个程序向人们展示了机器学习的能力，机器学习虽然发展了几十年，但还是存在很多没有良好解决的问题，如图像识别、语音识别、自然语言理解、天气预测、基因表达、内容推荐等。目前我们通过机器学习去解决这些问题的思路如图 3-1 所示，以视觉感知为例。

首先通过传感器（如 CMOS）来获得数据，然后经过预处理、特征提取、特征选择，再到推理、预测或者识别。最后一个部分，就是机器学习的部分，绝大部分的工作是在这方面做的，也存在很多的相关研究。而中间的三部分，概括起来就是特征表达。良好的特征表达，对最终算法的准确性起了非常关键的作用，而且系统主要的计算和测试工作都耗费在这一部分。但这部分在实际中一般都是人工完成的，即靠人工提取特征。

图 3-1　图像识别基本思路

虽然在当前的研究中，也出现了不少好的特征（好的特征应具有不变性（大小、尺度和旋转等）和可区分性）：如尺度不变特征变换（scale-invariant feature transform，SIFT）的出现，是局部图像特征描述研究领域一项里程碑式的工作。由于 SIFT 对尺度、旋转以及一定视角和光照变化等图像变化都具有不变性，并且 SIFT 具有很强的可区分性，让很多问题的解决变为可能，但它也不是万能的。

手工选取特征是一件费力的启发式（需要专业知识）的方法，选取好的特征很大程度上依赖于经验和运气，而且对最佳特征参数的调节需要大量的时间。既然手工选取特征不太好，那么能不能自动地学习一些特征呢？深度学习（deep learning）

满足了这一需求,它的最大特点是可以不需要人参与特征的选取过程。

3.2 深度学习的基本思想

假设有一个系统 S,它有 n 层($S_1,\cdots,S_n$),它的输入是 I,输出是 O,形象地表示为:$I \rightarrow S_1 \rightarrow S_2 \rightarrow \cdots \rightarrow S_n \rightarrow O$,如果输出 O 等于输入 I,即输入 I 经过这个系统变化之后没有任何的信息损失,但通常情况下无损是很难达到的。信息论中有个"信息逐层丢失"的说法,设处理 a 信息得到 b,再对 b 处理得到 c,那么可以证明:a 和 c 的互信息不会超过 a 和 b 的互信息。这表明信息处理不会增加信息,大部分处理会丢失信息。信息保持不变,这意味着输入 I 经过每一层 S_i 都没有任何的信息损失,即在任何一层 S_i,它都是原有信息(即输入 I)的另外一种表示。在深度学习中,我们需要自动地学习特征,假设有一堆输入 I(如一堆图像或者文本),我们设计了一个系统 S(有 n 层),通过调整系统中的参数,使得它的输出仍然是输入 I,那么就可以自动地获取得到输入 I 的一系列层次特征,即 $S_1,\cdots,S_n$。

对于深度学习来说,其思想就是堆叠多个层,也就是说这一层的输出作为下一层的输入。通过这种方式,就可以实现对输入信息进行分级表达了。

另外,前面是假设输出严格地等于输入,这个限制太严格,我们可以略微地放松这个限制,只要使得输入与输出的差别尽可能地小即可,这个放松限制会导致另外一类不同的深度学习方法。上述就是深度学习的基本思想。

3.3 深度学习的常用模型或者方法

3.3.1 自动编码器

深度学习最简单的一种方法是利用人工神经网络的特点,人工神经网络(artificial neural networks,ANN)本身就是具有层次结构的系统,如果给定一个神经网络,我们假设其输出与输入是相同的,然后训练调整其参数,得到每一层中的权重。自然地,我们就得到了输入的几种不同表示(每一层代表一种表示),这些表示就是特征。自动编码器就是一种尽可能复现输入信号的神经网络。为了实现这种复现,自动编码器就必须捕捉可以代表输入数据的最重要的因素,就像主成分分析(principal components analysis,PCA)那样,找到可以代表原信息的主要成分。

具体过程简单说明如下。

(1)给定无标签数据,用非监督学习学习特征。

在之前的神经网络中，如图 3-2，输入的样本是有标签的，即（input, target），这样根据当前输出和 target（label）之间的差去改变前面各层的参数，直到收敛。但现在只有无标签数据，也就是图 3-3，这个误差怎么得到呢？

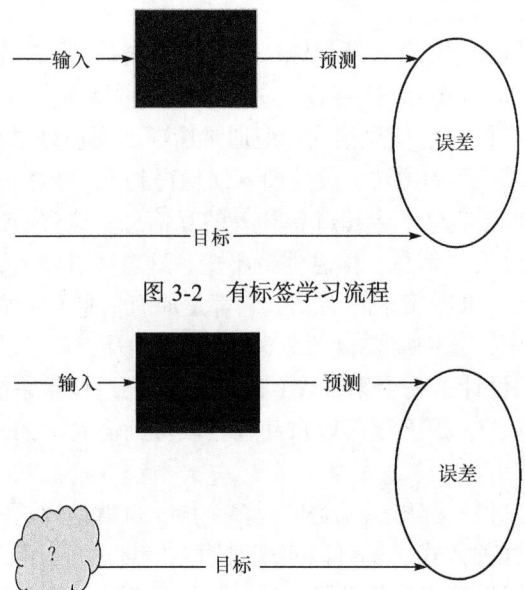

图 3-2　有标签学习流程

图 3-3　无标签学习流程

如图 3-4 所示，输入一个编码器，就会得到一个代码，这个代码也就是输入的一个表示，那么怎么知道这个代码表示的就是输入呢？我们加一个解码器，这时候解码器就会输出一个信息，那么如果输出的这个信息和一开始的输入信号是很像的（理想情况下就是一样的），那很明显，我们就有理由相信这个代码是可靠的。所以，我们就通过调整编码器和解码器的参数，使得重构误差最小，这时候就得到了输入信号的第一个表示了，也就是编码。因为是无标签数据，所以误差的来源就是直接重构后与原输入相比而得到的。

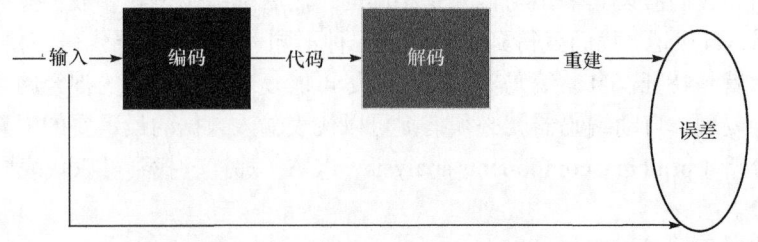

图 3-4　无标签学习的误差调整过程

（2）通过编码器产生特征，然后训练下一层。

上面得到第一层的代码，重构误差最小让我们相信这个代码就是原输入信号的良好表达了，或者牵强点说，它和原信号是一模一样的（表达不一样，反映的是一个东西）。那第二层和第一层的训练方式就没有差别了，将第一层输出的代码当成第二层的输入信号，同样最小化重构误差，就会得到第二层的参数，并且得到第二层输入的代码，也就是原输入信息的第二个表达。其他层如法炮制就可以了（训练这一层，前面层的参数都是固定的，并且它们的解码器已经没用了）。

（3）有监督微调。

经过上面的方法，我们就可以得到很多层了。至于需要多少层（或者深度需要多少，这个目前本身就没有一个科学的评价方法）需要自己试验调整。每一层都会得到原始输入的不同表达。当然，我们觉得它是越抽象越好，就像人的视觉系统一样。

到这里，这个自动编码器（auto encoder）还不能用来分类数据，因为它还没有学习如何去连结一个输入和一个类。它只是学会了如何去重构或者复现它的输入而已。或者说，它只是学习获得了一个可以良好代表输入的特征，这个特征可以最大程度上代表原输入信号。那么，为了实现分类，我们就可以在自动编码器的最顶编码层添加一个分类器（如罗杰斯特回归、SVM 等），然后通过标准的多层神经网络的监督训练方法（梯度下降法）去训练。

也就是说，这时候需要将最后层的特征代码输入到最后的分类器，通过有标签样本，利用监督学习进行微调，微调也分两种，一个是只调整分类器（黑色部分），如图 3-5 所示。

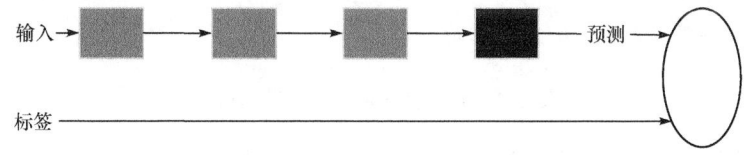

图 3-5　有监督学习的分类器调整 1

另一种，如图 3-6 所示，通过有标签样本，微调整个系统（如果有足够多的数据，这个是最好的，甚至可以实现端到端的学习）

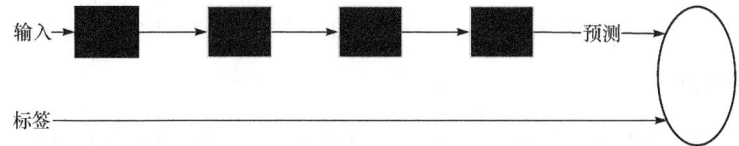

图 3-6　有监督学习的分类器调整 2

一旦监督训练完成，这个网络就可以用来分类了。神经网络的最顶层可以作为一个线性分类器，然后我们可以用一个更好性能的分类器去取代它。在研究中可以发现，如果在原有的特征中加入这些自动学习得到的特征可以大大提高精确度，甚至在分类问题中比目前最好的分类算法效果还要好。

自动编码器存在一些变体，这里简要介绍两个。

（1）稀疏自动编码器（sparse auto encoder）。

当然，我们还可以继续加上一些约束条件得到新的深度学习方法。如果在自动编码器的基础上加上 L1 的正则化限制（L1 主要是约束每一层中的节点中大部分都要为 0，只有少数不为 0，这就是稀疏名字的来源），就可以得到稀疏自动编码器。

如图 3-7 所示，其实就是限制每次得到的表达代码尽量稀疏，因为稀疏的表达往往比其他的表达要有效（人脑好像也是这样的，某个输入只是刺激某些神经元，其他的大部分神经元是受到抑制的）。

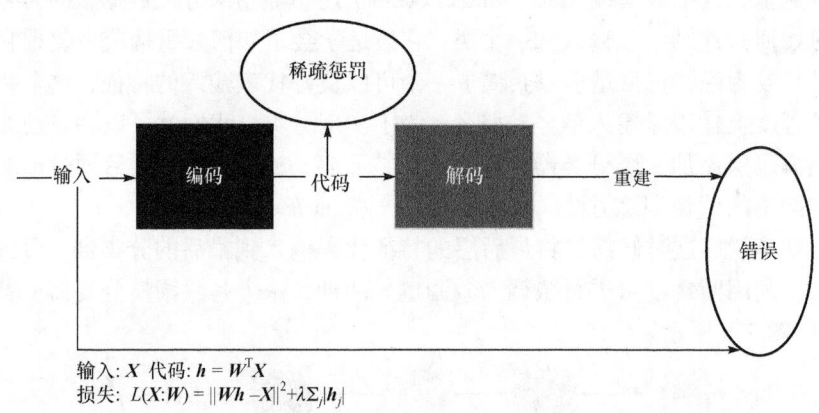

输入：X　代码：$h = W^T X$
损失：$L(X;W) = \|Wh - X\|^2 + \lambda \Sigma_j |h_j|$

图 3-7　有监督学习的分类器调整 3

（2）降噪自动编码器（denoising auto encoders）。

降噪自动编码器是在自动编码器的基础上，训练数据加入噪声，所以自动编码器必须学习去除这种噪声而获得真正的没有被噪声污染过的输入。因此，这就迫使编码器去学习输入信号的更加鲁棒的表达，这也是它的泛化能力比一般编码器强的原因。降噪自动编码器可以通过梯度下降算法去训练。

3.3.2　稀疏编码

如果我们把输出必须和输入相等的限制放松，同时利用线性代数中基的概念，即 $O = a_1 \cdot \Phi_1 + a_2 \cdot \Phi_2 + \cdots + a_n \cdot \Phi_n$，$\Phi_i$ 是基，a_i 是系数，我们可以得到这样一个优化问题：

$$\text{Min } |I - O| \qquad (3\text{-}1)$$

其中，I 表示输入，O 表示输出。

通过求解这个最优化式子，我们可以求得系数 a_i 和基 ϕ_i，这些系数和基就是输入的另外一种近似表达。

$$x = \sum_{i=1}^{k} a_i \phi_i \qquad (3\text{-}2)$$

因此，它们可以用来表达输入 I，这个过程也是自动学习得到的。如果在上述式子上加上 L1 的正则化限制，得到

$$\text{Min } |I - O| + u \cdot (|a_1| + |a_2| + \cdots + |a_n|) \qquad (3\text{-}3)$$

这种方法被称为稀疏编码（sparse coding）。通俗地说，就是将一个信号表示为一组基的线性组合，而且要求只需要较少的几个基就可以将信号表示出来。"稀疏性"定义为：只有很少的几个非零元素或只有很少的几个远大于零的元素。要求系数 a_i 是稀疏的意思就是说：对于一组输入向量，我们只想有尽可能少的几个系数远大于零。选择使用具有稀疏性的分量来表示输入数据是有原因的，因为绝大多数的感官数据，如自然图像，可以被表示成少量基本元素的叠加，在图像中这些基本元素可以是面或者线。这些基本元素在大脑成像过程中，只需要激活很少的神经元，使得神经元的活跃程度保持了稀疏性。

稀疏编码算法是一种无监督学习方法，它用来寻找一组"超完备"基向量来更高效地表示样本数据。虽然 PCA 技术能使我们方便地找到一组"完备"基向量，但是这里我们想要做的是找到一组"超完备"基向量来表示输入向量（也就是说，基向量的个数比输入向量的维数要大）。超完备基的好处是它们能更有效地找出隐含在输入数据内部的结构与模式。然而，对于超完备基来说，系数 a_i 不再由输入向量唯一确定。因此，在稀疏编码算法中，我们另加了一个评判标准"稀疏性"来解决因超完备而导致的退化（degeneracy）问题。

如图 3-8 所示，在图像的特征提取的最底层要做边缘检测器的生成，那么这里的工作就是从自然图像中随机选取一些小块，通过这些块生成能够描述他们的"基"，也就是右边的 8×8=64 个基组成的基，然后给定一个测试块，我们可以按照上面的式子通过基的线性组合得到，而稀疏矩阵就是 a，图 3-8 中的图像 a 有 64 个维度，其中非零项只有 3 个，故称"稀疏"。

为什么把底层作为边缘检测器呢？上层又是什么呢？之所以是边缘检测器是因为不同方向的边缘就能够描述出整幅图像，因此不同方向的边缘自然就是图像的基，而上一层是基组合的结果，上上层又是上一层的组合基。

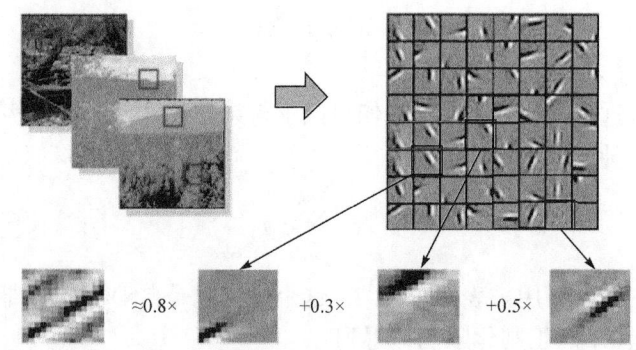

$[a_1,\cdots,a_{64}]=[0,0,\cdots,0,0.8,0,\cdots,0,0.3,0,\cdots,0,0.5,0]$
（特征表达）

图 3-8　图像的稀疏化表示

稀疏编码分为两个部分。

（1）训练阶段：给定一系列的样本图片 $[x_1,x_2,\cdots]$，我们需要学习得到一组基 $[\phi_1,\phi_2,\cdots]$ 就是字典。

稀疏编码是 k-means 算法的变体，其训练过程和 EM（expectation maximization）算法差不多：如果要优化的目标函数包含两个变量，如 $L(W,B)$，那么我们可以先固定 W，调整 B 使得 L 最小，然后再固定 B，调整 W 使 L 最小，这样迭代交替，不断将 L 推向最小值。

训练过程就是一个重复迭代的过程，按上面所说，我们交替的更改 a 和 ϕ 使得下面这个目标函数最小。

$$\min_{a,\phi}\sum_{i=1}^{m}\left\|x_i-\sum_{j=1}^{k}a_{i,j}\phi_j\right\|^2+\lambda\sum_{i=1}^{m}\sum_{j=1}^{k}|a_{i,j}| \qquad (3\text{-}4)$$

每次迭代分两步：

①固定字典 $\phi[k]$，调整 $a[k]$，使得式（3-4）即目标函数最小（即解 LASSO 问题）。

②然后固定住 $a[k]$，调整 $\phi[k]$，使得式（3-4）即目标函数最小（即解凸 QP 问题）。

不断迭代，直至收敛。这样就可以得到一组可以良好表示这一系列 x 的基，也就是字典。

（2）编码阶段：给定一个新的图片 x，由上面得到的字典，通过解一个 LASSO 问题得到稀疏向量 a。这个稀疏向量就是这个输入向量 x 的一个稀疏表达，如图 3-9 所示。

$$\min_{a}\sum_{i=1}^{m}\left\|x_i-\sum_{j=1}^{k}a_{i,j}\phi_j\right\|^2+\lambda\sum_{i=1}^{m}\sum_{j=1}^{k}|a_{i,j}| \qquad (3\text{-}5)$$

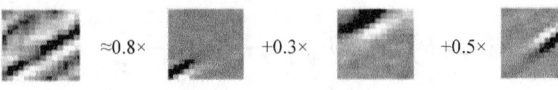

X_i 表示为 a_i=[0,0,⋯,0,0.8,0,⋯,0,0.3,0,⋯,0,0.5,⋯]

图 3-9　基于字典的稀疏表示

3.3.3　限制玻尔兹曼机

假设有一个二部图，如图 3-10 所示，每一层的节点之间没有链接，一层是可视层，即输入数据层(v)，一层是隐藏层(h)，如果假设所有的节点都是随机二值变量节点(只能取 0 或者 1 值)，同时假设全概率分布 $p(v,h)$ 满足玻尔兹曼分布，我们称这个模型是限制玻尔兹曼机(restricted Boltzmann machine，RBM)。

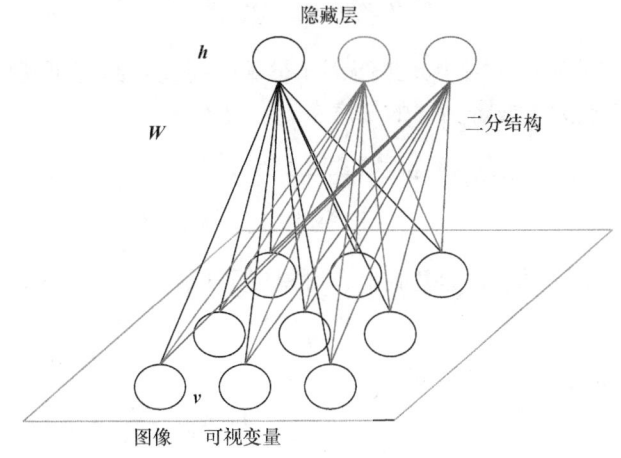

图 3-10　限制玻尔兹曼机结构

这个模型因为是二部图，所以在已知 v 的情况下，所有的隐藏节点之间是条件独立的(因为节点之间不存在连接)，即 $p(h|v) = p(h_1|v)\cdots p(h_n|v)$。同理，在已知隐藏层 h 的情况下，所有的可视节点都是条件独立的。同时又由于所有的 v 和 h 满足玻尔兹曼分布，因此，当输入 v 的时候，通过 $p(h|v)$ 可以得到隐藏层 h，而得到隐藏层 h 之后，通过 $p(v|h)$ 又能得到可视层，通过调整参数，深度学习从隐藏层得到的可视层 v_1 与原来的可视层 v 如果一样，那么得到的隐藏层就是可视层的另外一种表达，因此隐藏层可以作为可视层输入数据的特征，所以它就是一种深度学习方法。如何训练呢？也就是可视层节点和隐藏节点间的权值怎么确定呢？我们需要做一些数学分析。

联合组态(joint configuration)的能量可以表示为

$$E(\boldsymbol{v},\boldsymbol{h};\theta) = -\sum_{ij}W_{ij}v_ih_j - \sum_{i}b_iv_i - \sum_{j}a_jh_j \quad (3\text{-}6)$$

$$\theta = \{W,a,b\}$$

而某个组态的联合概率分布可以通过玻尔兹曼分布（和这个组态的能量）来确定：

$$P_\theta(\boldsymbol{v},\boldsymbol{h}) = \frac{1}{Z(\theta)}\exp(-E(\boldsymbol{v},\boldsymbol{h};\theta)) = \frac{1}{Z(\theta)}\prod_{ij}e^{W_{ij}v_ih_j}\prod_{i}e^{b_iv_i}\prod_{j}e^{a_jh_j} \quad (3\text{-}7)$$

$$Z(\theta) = \sum_{h,v}\exp(-E(\boldsymbol{v},\boldsymbol{h};\theta)) \quad (3\text{-}8)$$

隐藏节点之间是条件独立的（因为节点之间不存在连接），即

$$P(\boldsymbol{h}|\boldsymbol{v}) = \prod_{j}P(h_j|\boldsymbol{v}) \quad (3\text{-}9)$$

然后可以比较容易（对上式进行因子分解）得到在给定可视层 $\boldsymbol{v}$ 的基础上，隐藏层第 j 个节点为 1 或者为 0 的概率：

$$P(h_j=1|\boldsymbol{v}) = \frac{1}{1+\exp\left(-\sum_{i}W_{ij}v_i - a_j\right)} \quad (3\text{-}10)$$

同理，在给定隐藏层 $\boldsymbol{h}$ 的基础上，可视层第 i 个节点为 1 或者为 0 的概率也可以容易得到：

$$P(\boldsymbol{v}|\boldsymbol{h}) = \prod_{i}P(v_i|\boldsymbol{h}) \quad P(v_i=1|\boldsymbol{h}) = \frac{1}{1+\exp\left(-\sum_{j}W_{ij}h_j - b_i\right)} \quad (3\text{-}11)$$

给定一个满足独立同分布的样本集：$D=\{v(1),v(2),\cdots,v(N)\}$，我们需要学习参数 $\theta=\{W,a,b\}$，同时最大化以下对数似然函数（最大似然估计：对于某个概率模型，需要选择一个参数，让当前的观测样本的概率最大）：

$$L(\theta) = \frac{1}{N}\sum_{n=1}^{N}\log P_\theta(\boldsymbol{v}^{(n)}) - \frac{\lambda}{N}\|W\|_F^2 \quad (3\text{-}12)$$

也就是对最大对数似然函数求导，可以得到 L 最大时对应的参数 W。

$$\frac{\partial L(\theta)}{\partial W_{ij}} = E_{P_{\text{data}}}[v_ih_j] - E_{P_\theta}[v_ih_j] - \frac{2\lambda}{N}W_{ij} \quad (3\text{-}13)$$

如果把隐藏层的层数增加，可以得到深度玻尔兹曼机，如图 3-11 所示；如果在靠近可视层的部分使用贝叶斯信念网络（即有向图模型，当然这里依然限制层中节点之间没有连接），而在最远离可视层的部分使用 RBM，可以得到深度置信网络，如图 3-12 所示。

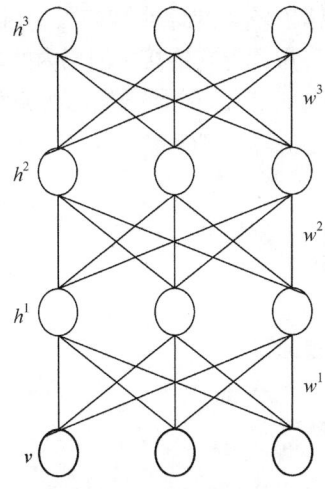
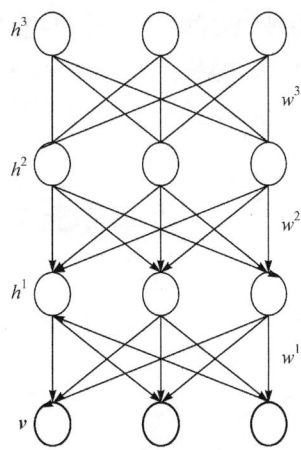

图 3-11　深度玻尔兹曼机　　　　　　图 3-12　深度置信网络

3.3.4　深度置信网络

深度置信网络（deep belief networks，DBNs）是一个概率生成模型，与传统的判别模型的神经网络不同，生成模型是建立一个观察数据和标签之间的联合分布，对 P（Observation/Label）和 P（Label/Observation）都做了评估，而判别模型仅仅评估了后者，也就是 P（Label/Observation），如图 3-13 所示。对于在深度神经网络应用传统 BP 算法的时候，DBNs 遇到了以下问题：

① 需要为训练提供一个有标签的样本集；

② 学习过程较慢；

③ 不适当的参数选择会导致学习收敛于局部最优解。

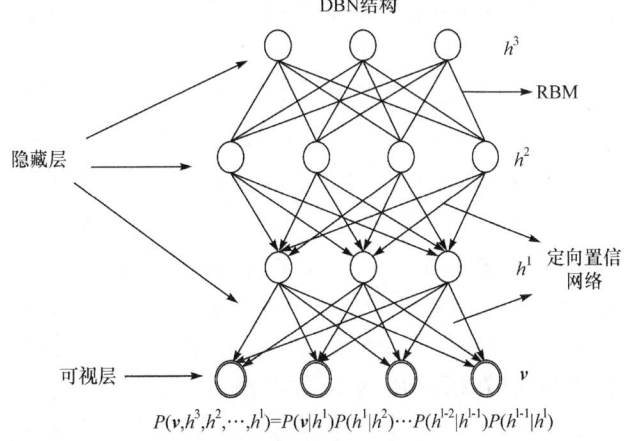

图 3-13　深度置信网络结构图

DBNs 由多个限制玻尔兹曼机层组成，一个典型的神经网络类型如图 3-14 所示。这些网络被"限制"为一个可视层和一个隐藏层，层间存在连接，但层内的单元间不存在连接。隐藏层单元被训练去捕捉在可视层表现出来的高阶数据的相关性。

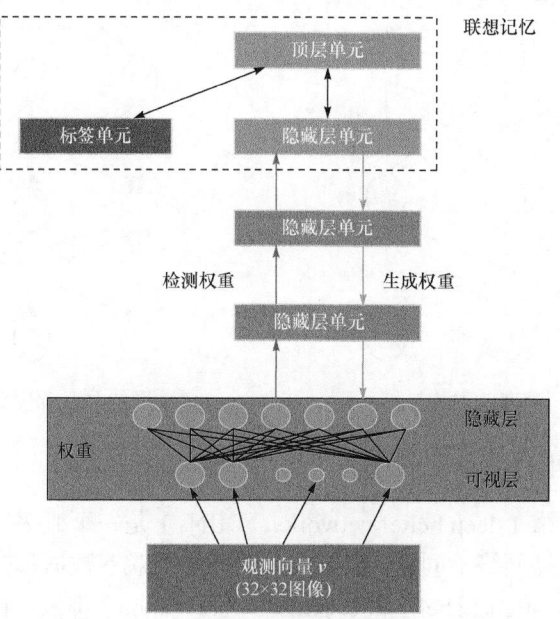

图 3-14　深度置信网络训练框架

先不考虑最顶构成一个联想记忆（associative memory）的两层，一个 DBN 的连接是通过自顶向下的生成权值来指导确定的，RBMs 就像一个建筑块一样，相比传统和深度分层的 sigmoid 信念网络，它能易于连接权值的学习。

最开始的时候，通过一个非监督贪婪逐层方法去预训练获得生成模型的权值，非监督贪婪逐层方法被 Hinton 证明是有效的，并被其称为对比分歧（contrastive divergence）。

在这个训练阶段，在可视层会产生一个向量 v，通过它将值传递到隐藏层。反过来，可视层的输入会被随机的选择，以尝试去重构原始的输入信号。最后，这些新的可视的神经元激活单元将前向传递重构隐藏层激活单元，获得 h（在训练过程中，首先将可视向量值映射给隐藏单元；然后可视单元由隐藏层单元重建；这些新可视单元再次映射给隐藏单元，这样就获取新的隐藏单元，执行这种反复步骤叫做吉布斯采样）。这些后退和前进的步骤就是我们熟悉的吉布斯采样，而隐藏层激活单元和可视层输入之间的相关性差别就作为权值更新的主要依据。

DBNs 单层的训练时间相对 RBMs 而言会显著的减少，因为只需要单个步骤就可以接近最大似然学习。增加进网络的每一层都会改进训练数据的对数概率，我们可以理解为越来越接近能量的真实表达。这个有意义的拓展，和无标签数据的使用，是任何一个深度学习应用的决定性因素。

在最高两层，权值被连接到一起，这样更低层的输出将会提供一个参考的线索或者关联给顶层，这样顶层就会将其联系到它的记忆内容。而我们最关心的，最后想得到的就是判别性能，如在分类任务里面可以通过连线权值，把特征传递到顶层，用顶层的特征实现类型的判别。

在预训练后，可以把带标签的数据输入 BP 算法，并根据结果对判别性能进行调整。在这里，一个标签集将被附加到顶层（推广联想记忆），通过一个自下向上的学习模式，学习到识别权值，从而获得一个网络的分类面。这个性能会比单纯的 BP 算法训练的网络好。这可以很直观的解释，DBNs 的 BP 算法只需要对权值参数空间进行一个局部的搜索，这相比前向神经网络来说，训练速度较快，而且收敛的时间也少。

DBNs 的灵活性使得它的拓展比较容易，其中一个拓展就是卷积 DBNs（convolutional deep belief networks，CDBNs）。DBNs 并没有考虑到图像的二维结构信息，因为输入是简单地把一个图像矩阵进行一维向量化。而 CDBNs 考虑到了这个问题，它利用邻域像素的空域关系，通过一个称为卷积 RBMs 的模型区达到生成模型的变换不变性，而且可以容易地变换到高维图像。然而，DBNs 并没有学习到观测变量在时间上的联系，虽然目前已经有这方面的研究，如堆叠时间 RBMs，以此为推广，演化出有序列学习能力的时间卷积器，给语音信号处理问题带来了一个让人激动的未来研究方向。

目前，和 DBNs 有关的研究包括堆叠自动编码器，它是通过用堆叠自动编码器来替换传统 DBNs 里面的 RBMs。这就使得可以通过同样的规则来训练产生深度多层神经网络架构，但它缺少层的参数化的严格要求。与 DBNs 不同，自动编码器使用判别模型，这样这个结构就很难适应采样空间的输入样本，这就使得网络更难捕捉它的内部表达。但是，降噪自动编码器却能很好的避免这个问题，并且比传统的 DBNs 更优。它通过在训练过程添加随机的噪声堆叠形成较好的冷化性能，提升整体网络的抗噪能力。训练单一的降噪自动编码器的过程和 RBMs 训练生成模型的过程一样。

3.4 本章小结

3.4.1 深度学习总结

深度学习是关于自动学习要建模的数据的潜在（隐含）分布的多层（复杂）表达的算法。换句话来说，深度学习算法自动的提取分类需要的低层次或者高层次特征。高层次特征，是指该特征可以分级（层次）地依赖其他特征，例如，对于机器视觉，深度学习算法从原始图像去学习得到它的一个低层次表达（如边缘检测器、小波滤波器等），然后在这些低层次表达的基础上再建立表达（如这些低层次表达的线性或者非线性组合），重复这个过程，最后得到一个高层次的表达。

深度学习能够得到更好地表示数据的特征，同时由于模型的层次、参数很多，容量足够，因此模型有能力表示大规模数据，所以对于图像、语音这种特征不明显（需要手工设计且很多没有直观物理含义）的问题，能够在大规模训练数据上取得更好的效果。此外，从模式识别特征和分类器的角度，深度学习框架将特征和分类器结合到一个框架中，用数据去学习特征，在使用中减少了手工设计特征的巨大工作量（这是目前工业界工程师付出努力最多的方面），因此，不仅效果可以更好，而且使用起来也有很多方便之处，是十分值得关注的一套框架。

3.4.2 深度学习未来

深度学习仍有大量工作需要研究。目前的关注点还是从机器学习的领域借鉴一些可以在深度学习中使用的方法，特别是降维领域。例如，目前一个工作就是稀疏编码，通过压缩感知理论对高维数据进行降维，使得非常少的元素的向量就可以精确的代表原来的高维信号。另一个例子就是半监督流行学习，通过测量训练样本的相似性，将高维数据的这种相似性投影到低维空间。还有一个比较鼓舞人心的方向就是遗传编程方法（evolutionary programming approaches），它可以通过最小化工程能量去进行概念性自适应学习和改变核心架构。

深度学习还有很多核心的问题需要解决：

①对于一个特定的框架，多少维的输入可以表现得较优（如果是图像，可能是上百万维）？

②对捕捉短时或者长时间的时间依赖，哪种架构才是有效的？

③如何对于一个给定的深度学习架构，融合多种感知信息？

④有什么正确的机理可以去增强一个给定的深度学习架构，以改进其鲁棒性和对扭曲和数据丢失的不变性？

⑤模型方面是否有其他更为有效且有理论依据的深度模型学习算法？

探索新的特征提取模型是值得深入研究的内容。此外有效的可并行训练算法也是值得研究的一个方向。当前基于最小批处理的随机梯度优化算法很难在多计算机中进行并行训练。通常的方法是利用图形处理单元加速学习过程。然而单个机器GPU对大规模数据识别或相似任务数据集并不适用。在深度学习应用拓展方面，如何合理充分利用深度学习增强传统学习算法的性能仍是目前各领域的研究重点。

第4章　DBN在欺诈检测中的应用

随着经济的发展，在金融领域的欺诈行为已经越来越多，为防止和检测金融欺诈所带来的费用也逐年增加。金融欺诈所带来的损失是巨大的，调查这些欺诈的费用也十分惊人。如何有效地减少这种损失，及时发现欺诈行为是非常重要的。

欺诈行为在金融服务领域非常普遍，如保险业的金融欺诈就非常典型，美国每年的保险欺诈高达100亿美元。典型的欺诈包括制造假的事故（如伤残欺诈）、财产索赔、制造虚假医疗账单等。检测这些欺诈相当困难，需要技巧熟练的调查人员，通过查阅大量的相关记录，从一些蛛丝马迹中发现问题，然而与此同时，类似的欺诈行为仍在继续。

4.1　传统的欺诈检测技术

金融欺诈行为可以多种形式呈现，按照其涉及的金融产品有：贷款欺诈、存款欺诈、票据欺诈、银行卡欺诈、证券欺诈和保险欺诈等[42]；从欺诈行为的来源分，可以分为外部欺诈和内部欺诈两类；按欺诈手段可以分为以下三种类型。

一是利用银行交易系统，进行非法侵入或违规操作，从而谋取不正当利益。银行卡欺诈、身份窃取以及大量的银行内部违规操作等都属于这种类型。典型的有业务流程欺诈，即利用业务流程上的漏洞来获取利益的欺诈行为。这种欺诈行为一般都可以在金融机构的交易数据库找到信息，所以一旦发现异常，对交易者的定位是很迅速的。更进一步，通过数据挖掘技术我们能提前锁定那些潜在的欺诈行为。

二是提供虚假承诺或虚假信用保证资料进行欺诈。大多数投融资欺诈都属于这种类型。欺诈者常以高利润投资为诱饵，不断获取投资者输入的一种金融欺诈手段。著名的"庞氏骗局"就是这种欺诈行为的典型代表。近年来比较有名的一个此类欺诈就是麦道夫的"庞氏骗局"，其投资者即受害者包括奥地利银行、瑞士银行、汇丰银行，通用对冲基金Tremont公司等知名银行和基金。麦道夫的庞氏骗局其实早在上世纪90年代就已经开始，但是直到2008年金融危机才被识破。

三是隐瞒重要信息、人为制造信息不对称进行欺诈。在证券市场中，大量的内幕交易、在衍生产品推销过程中故意隐藏其风险性以及运用各种手段操控证券市场以期套利等，都属于这种类型的欺诈行为。2007年，由美国次级抵押贷款市场所引发的次贷危机，迅速向全世界扩散，最终导致全球金融危机爆发。这其中有大量利用信息不对称进行的欺诈行为。各国在合作对抗危机的同时，对金融市场的安全和稳定也越来越重视。人们开始注意到这次金融危机的根源，其实可以归结为金融欺诈行为。

传统的检测金融欺诈的方法主要依赖于计算机数据库应用系统支持的调查工作以及客户的受教育程度。传统的检测欺诈技术的工作流程如图 4-1 所示。然而传统的欺诈检测方法往往存在滞后性、不准确性和不及时性的特点[43]。

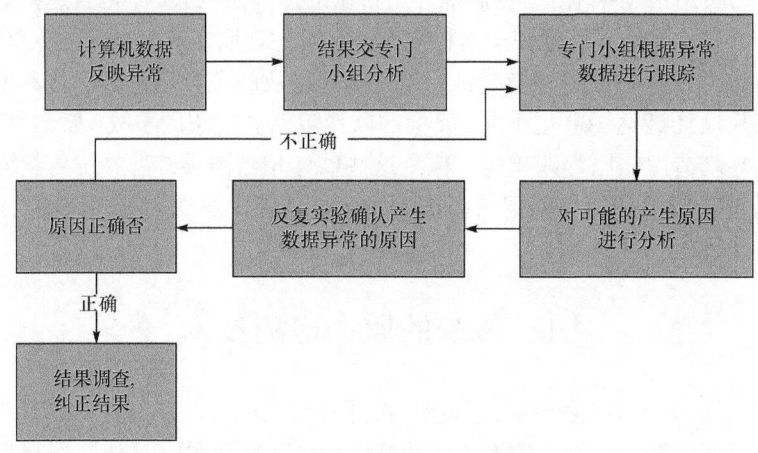

图 4-1　传统的欺诈检测技术工作流程

数据挖掘用来处理大型数据库的信息，因此它提供了对金融欺诈进行检测分析的环境。决策树作为知识发现的算法首先在 ACSys 数据挖掘系统中使用[44]。决策树是利用信息论中的互信息（信息增益）寻找数据库中具有最大信息量的字段，建立决策树的一个结点，再根据字段的不同取值建立树的分枝；在每个分枝子集中重复建立树的下层结点和分枝，直到生成一个完整的决策树。决策树的实现需要包含 3 种操作：树的生长、树的评估、树的应用。树的生长阶段通常在并行体系结构中实现分类策略，在一组训练集的基础上建立一个完整的决策树；树的评估阶段利用测试例集合来评价生成的树，在这一阶段，需要选取不同的测试例集合来对树的性能进行测试并进行修剪；树的应用是将最后生成的树应用于未知的数据[45]。

从数据挖掘的观点来看，对于金融欺诈将从以下几个方面进行分析。

（1）异常数据：相对于自身的异常数据或者其他群体的异常数据（检测比较困难）。

（2）无法解释的关系：如在医疗账单中，相当多的人有相同的医生或同一地址。

（3）通常意义下的欺诈行为：一旦一个欺诈行为被证实，那就可以使用它来帮助确定其他可能的欺诈行为。这些事务可能已经发生过并且被处理过了，或在将来要被处理，或在将来可能发生，或兼而有之。这种类型的分析叫做"预测数据挖掘"。应用这种技术通常要用到三种数据挖掘工具：回归、决策树、神经元网络。

在数据挖掘中，一些有用的预测可以被合并，加入到历史数据库中并用来帮助寻找相近未被发现的案例。随着成功案例的积累，预测系统的质量和可信赖度会大大增强。这种方法相对于以往的警示系统的优点，是它的可信赖度可以被统计评估和证实。如果可信任度很高，那么大多数的调查可以集中处理实际的欺诈事件，而不是在大量似是而非的案例上寻找。数据挖掘的目标与相应的技术之间的关系如表 4-1 所示。

表 4-1 数据挖掘检测技术

任务	目标	数据挖掘技术
发现异常数据	检测全局异常记录 检测多发生事件的值 检测记录之间的连接关系	异常分析
通常的欺诈行为特征	基于历史数据找到标准，如检测欺诈行为的规则 记录下可能或类似欺诈事务	预测模型
证实无法解释的关系	检测具有不正常值的记录 确定嫌疑人的图表 检测相同或近似的记录 检测记录之间的非直接的联系 检测混合的异常记录	聚类分析和异常分析 聚类分析 社会关系网络和连接分析 联合分析，序列分析

4.2 信用卡欺诈检测的基本概念

信用卡欺诈风险是指以非法占有、骗取财物为目的，偷窃、骗领、冒用或使用伪造、变造、作废的信用卡，欺诈发卡行、受理行和特约商户等所造成的风险[46]。目前此风险造成的损失大部分由发卡行来承担。这种风险形式多样，性质恶劣，是国有商业银行最难防范的风险。近年来，信用卡欺诈呈现出以下几方面的特点。

（1）信用卡欺诈的国际性趋势逐渐突出。主要表现在：许多信用卡欺诈的手法都是从境外传入的，境内外罪犯联手作案比例高，且基本上均是由境外的罪犯预谋策划，境内罪犯具体实施诈骗。

（2）信用卡欺诈案件发案率逐年上升。全球范围内的贷记卡（信用卡）和借记卡应用中，不法欺诈行为持续增长，连创历史新高。

（3）信用卡欺诈案件所涉案值增大。根据中国人民银行粗略估算，我国目前每年银行卡案件涉及金额在1亿元左右，并呈现出逐年上升的趋势。

（4）信用卡欺诈犯罪手段逐步智能化、多样化。从目前破获的类似案件来看，采取Internet、ATM、手机短信等方式的欺诈犯罪，已经成为信用卡欺诈犯罪的重要方式。

4.3 信用卡的欺诈检测技术

由于欺诈风险形式多样、所占比重较大、性质恶劣，且造成的风险损失较大，欺诈风险是信用卡业务中最直接也是最难防范的风险。近年来，境外犯罪嫌疑人在中国境内实施的信用卡犯罪活动增加，他们或者直接使用假卡大宗购物行骗，或者使用假卡刷卡套现，甚至在中国境内非法设立加工制造假国际信用卡的窝点，中国境内银行卡犯罪的手段正日趋智能化、高科技化。

信用卡的欺诈识别方法大致经历了以下几个阶段。

（1）在信用卡的欺诈识别研究上，金融机构最早利用经验知识进行人工手动识别。

（2）随后利用统计方法或专家系统，对资料进行分析，选取一定量的指标，比较计算风险得分或进行信用评分，风险得分越高或信用评分越低，该持卡者或该笔交易为欺诈的可能性就越大。

（3）随着信息技术的发展和数据挖掘方法的推进，学者们开始致力于将数据挖掘的分类方法应用到欺诈识别和侦测上来。在信用卡欺诈侦测上，由于实际资料中类别分布极不均匀以及非对称性分配问题，一般来说欺诈交易发生的概率不到百分之一。如此小的比例使得分类预测模型无法针对量少的欺诈交易进行正常类别预测。多专家分类器、减少多数法则、增加少数法则是解决资料集合中非对称性分布的三种比较好的方法。

（4）分布式数据挖掘：数据挖掘任务面向的是大规模的数据库或数据仓库，要处理的数据量通常都非常巨大，数据挖掘的任务有时要同时面对多个数据库，有些数据挖掘任务本身的计算复杂度较高，需要计算机具有强大的计算能力，这样就对数据挖掘算法的并行化和分布化提出了要求。而消费者一般都持有多张分别属于不同银行或不同属地的信用卡，相当于不同银行或同一银行的不同分支机构会存储同一消费者不同的消费行为资料，这些资料也具有相关性和联系，但银行之间由于竞争等原因不会或无法共享这些数据信息。另一方面虽然欺诈交易的比例在整个交易数据中较小，但是一旦发生欺诈交易，其金额数目是非常惊人的。消费交易数量之多，还有分散在各地的交易数据，这都需要信用卡欺诈识别的数据挖掘算法能够分布化进行。

（5）全局模型主要是先对数据的信息分布不对称进行预处理，然后再建立多个分类器对子集进行分类，并结合模型评价的方法进行元学习（meta-learning）[47]，从而改善单个分类器带来的分类不准确的缺点。

国外有些金融机构已自行开发或使用欺诈侦测软件，HNC 是一家位于美国圣地亚哥的公司，该公司将人工神经网络成功地应用到信用卡业务中，其原理是建立每位持卡者刷卡行为的模型，然后比较这次交易和之前记录的交易模式，若本次交易和之前交易模式相差太大，该 Falcon 软件（用于欺诈侦测的软件）就会在交易完成之前，将其标示为盗刷。在国内，当前信用卡分析领域的数据挖掘应用中，还没开发出合适的相关产品，少量的应用也集中在客户关系管理、营销管理等，远远落后于商业应用的需求。另外，当前的信用卡分析软件大多采用传统的统计技术和多维分析技术，这些技术是验证型的技术，难以获得隐藏在数据背后的知识。因此，数据挖掘技术的应用是信用卡分析软件发展的必然趋势。我们需要不断探索数据挖掘技术，学习和研究国外的同类产品，同时也急需开发国内自己的分析软件，适应国内信用卡业务的快速发展，并应对国际软件产品的竞争。

信用卡欺诈检测方法最初基于统计分析和专家分析方法[48]，该方法通过统计方法对数据进行分析，选择一定的指标，计算其信用评分，如果信用评分比较低，那么就有可能是欺诈行为，该方法的检测结果准确率与专家拥有知识的丰富程度有很大的关系、有主观性、得到的结果不科学、解释性较差，因此检测结果不可信。从 20 世纪 80 年代开始，数据挖掘技术得到逐步发展，应用越来越广泛，大量学者开始将数据挖掘技术应用到信用卡欺诈检测中，出现了基于决策树、贝叶斯网络、神经网络以及组合的信用卡欺诈检测方法，取得了不错的效果[49-51]。但是这些方法在实际应用中存在着以下问题。

（1）信用卡欺诈行为的样本特征相当多，有时由于特征冗余或者不相关特征淹没了主要的检测特征，出现"维数灾难"问题。

（2）它们都是基于大规模样本的检测算法，只有样本规模大时对检测准确率才有保证，但是样本大计算量会相应增大，对计算机计算能力要求高，影响信用卡欺诈检测的实时性和效率。

（3）由于信用卡欺诈交易发生的概率不到百分之一，因此收集的信用卡交易数据是一个典型的稀疏样本集，而这些数据挖掘算法直接应用稀疏样本集建模往往不能得到好的检测结果。

（4）这些算法常常会导致出现欠学习、过拟合、局部最优解等问题，因此如何进一步提高信用卡欺诈检测的正确率和加快检测速度需要进一步研究。

4.4 DBN 的原理

深度信念网络（deep belief network, DBN）由 Hinton 等在 2006 年提出[52]。它是一种生成模型，通过训练其神经元间的权重，可以让整个神经网络按照最大概率来生成训练数据。不仅可以使用 DBN 识别特征、分类数据，还可以用它来生成数据。

DBN 由多层神经元构成，这些神经元又分为显性神经元和隐性神经元（以下简称显元和隐元）。显元用于接受输入，隐元用于提取特征。因此隐元也有个别名，叫特征检测器（feature detectors）。在 DBN 中，最顶层的两层神经元的连接是无向的，构成了联合内存（associative memory），较低的其他层之间的连接是有向连接，而最底层表示数据向量，每个神经元代表数据向量的一个维度。

DBN 的组成元件是受限玻尔兹曼机（RBM）[53]。训练 DBN 的过程是一层一层地进行的。在每一层中，用数据向量来推断隐藏层，再把这一隐藏层当作下一层（高一层）的数据向量。

4.4.1 受限玻尔兹曼机

如前所述，RBM 是 DBN 的组成元件。事实上，每一个 RBM 都可以单独用作聚类器。RBM 只有两层神经元，一层叫做可视层（visible layer），由显元（visible units）组成，用于输入训练数据。另一层叫做隐藏层（hidden layer），相应地，由隐元（hidden units）组成，用作特征检测器（feature detectors）。如图 4-2 所示，图中的较上一层神经元组成隐藏层，较下的神经元组成可视层。每一层都可以用一个向量来表示，每一维表示每个神经元，这两层之间是对称（双向）连接。

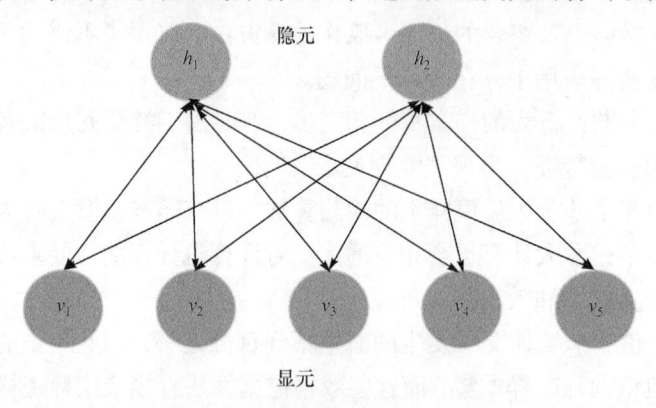

图 4-2 受限玻尔兹曼机的结构

（1）神经元之间的条件独立性。

应注意到，可视层和隐藏层内部的神经元都没有互连，只有层间的神经元有对称的连接线。这样的好处是，在给定所有显元的值的情况下，每一个隐元取什么值是互不相关的。也就是说：

$$P(\boldsymbol{h}|\boldsymbol{v}) = \prod_{j=1}^{N} P(h_j|\boldsymbol{v}) \quad (4\text{-}1)$$

同样，在给定隐藏层时，所有显元的取值也互不相关：

$$P(\boldsymbol{v}|\boldsymbol{h}) = \prod_{i=1}^{M} P(v_i|\boldsymbol{h}) \quad (4\text{-}2)$$

有了这个重要性质，我们在计算每个神经元的取值情况时就不必每次计算一个，而是同时并行地计算整层神经元。

（2）使用 RBM 的过程。

假设我们现在已经得到一个训练好的 RBM，每个隐元与显元间的权重用矩阵 $\boldsymbol{W}$ 表示：

$$\boldsymbol{W} = \begin{bmatrix} w_{1,1} & w_{2,1} & \cdots & w_{M,1} \\ w_{1,2} & w_{2,2} & \cdots & w_{M,2} \\ \vdots & & & \vdots \\ w_{1,N} & w_{2,N} & \cdots & w_{M,N} \end{bmatrix} \quad (4\text{-}3)$$

其中，w_{ij} 代表从第 i 个显元到第 j 个隐元的权重，M 代表显元的个数，N 代表隐元的个数。那么，当我们把一条新来的数据 $\boldsymbol{x}=(x_1, x_2, \cdots, x_M)^T$ 赋给可视层后，RBM 将会依照权值 $\boldsymbol{W}$ 来决定开启或关闭隐元。具体的操作如下。

首先，将每个隐元的激励值（activation）计算出来：

$$\boldsymbol{h} = \boldsymbol{W}\boldsymbol{x} \quad (4\text{-}4)$$

注意，这里用到了前面提到的神经元之间的条件独立性。然后，将每个隐元的激励值都用 S 形函数进行标准化，变成它们处于开启状（用 1 表示）的概率值：

$$P(h_j = 1) = \sigma(h_j) = \frac{1}{1+e^{-h_j}} \quad (4\text{-}5)$$

此处的 S 形函数我们采用的是 Logistic 函数：

$$f(x) = \frac{1}{1+e^{-x}} \quad (4\text{-}6)$$

至此，每个隐元 h_j 开启的概率被计算出来了。其处于关闭状态（用 0 表示）的概率自然也就是

$$P(h_j = 0) = 1 - P(h_j = 1) \quad (4\text{-}7)$$

那么到底这个神经元开启还是关闭，我们需要按照一定概率从 0 到 1 区间中抽取随机值：

$$u \in U(0,1) \quad (4\text{-}8)$$

进行如下比较

$$h_j = \begin{cases} 1, P(h_j=1) \geqslant u \\ 0, P(h_j=1) < u \end{cases} \quad (4\text{-}9)$$

然后开启或关闭相应的隐元。给定隐藏层，计算可视层的方法是一样的。

（3）训练 RBM。

RBM 的训练过程，实际上是求出一个最能产生训练样本的概率分布。也就是说，要求一个分布，在这个分布里，训练样本的概率最大。由于这个分布的决定性因素在于权值 W，所以训练 RBM 的目标就是寻找最佳的权值。

Hinton 提出了名为对比散度（contrastive divergence）的学习算法[54]。算法 4.1 给出了具体算法过程。

算法 4.1 对比散度算法

输入：训练集记录 x
输出：权重 W
1. 对于训练集中的每一条记录 x，将 x 赋给可视层 $v^{(0)}$，计算它使隐藏层神经元被开启的概率：
$$P(h_j^{(0)}=1|v^{(0)}) = \sigma(W_j v^{(0)})$$
式中的上标用于区别不同向量，下标用于区别同一向量中的不同维。
2. 然后，从计算出的概率分布中抽取一个样本：
$$h^{(0)} \in P(h^{(0)}|v^{(0)})$$
3. 用 $h^{(0)}$ 重构可视层：
$$P(v_i^{(1)}=1|h^{(0)}) = \sigma(W_i^T h^{(0)})$$
4. 同样，抽取出可视层的一个样本：
$$v^{(1)} \in P(v^{(1)}|h^{(0)})$$
5. 再次用可视层神经元（重构之后的）计算出隐藏层神经元被开启的概率：
$$P(h_i^{(1)}=1|v^{(1)}) = \sigma(W_j v^{(1)})$$
6. 按下式更新权重：
$$W \leftarrow W + \lambda(P(h^{(0)}=1)|v^{(0)})v^{(0)T} - P(h^{(1)}=1|v^{(1)})v^{(1)T})$$

如此训练之后的 RBM 就能较为准确地提取可视层的特征，或者根据隐藏层所代表的特征还原可视层。

4.4.2 深度信念网络

DBN 是由多层 RBM 组成的一个神经网络，它既可以被看作一个生成模型，也可以当作判别模型，其训练过程是：使用非监督贪婪逐层方法去预训练获得权值。

（1）首先充分训练第一个 RBM；

（2）固定第一个 RBM 的权重和偏移量，然后使用其隐元的状态作为第二个 RBM 的输入向量；

（3）充分训练第二个 RBM 后,将第二个 RBM 堆叠在第一个 RBM 的上方;
（4）重复以上三个步骤任意多次;
（5）如果训练集中的数据有标签,那么在顶层的 RBM 训练时,这个 RBM 的可视层中除了显元,还需要有代表分类标签的神经元,一起进行训练;

①假设顶层 RBM 的可视层有 500 个显元,训练数据的分类一共分成了 10 类;

②那么顶层 RBM 的可视层有 510 个显元,对每一训练训练数据,相应的标签神经元被打开设为 1,而其他的则被关闭设为 0。

训练好的 DBN 结构如图 4-3 所示。

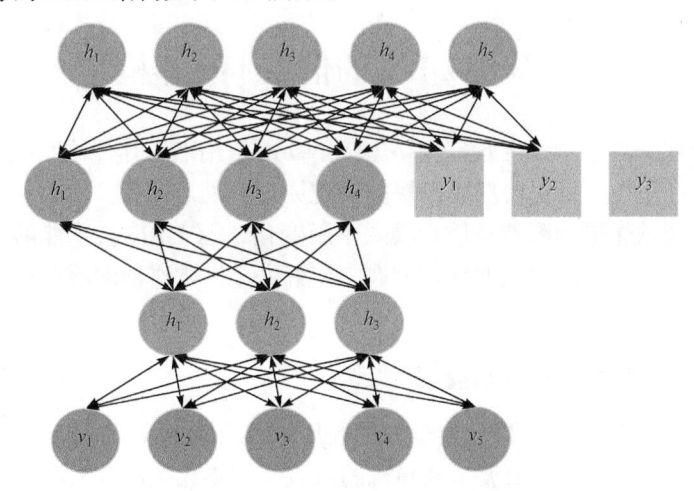

图 4-3 训练好的 DBN 网络

图 4-3 中的 $y_1 \sim y_3$ 部分就是在最顶层 RBM 中参与训练的标签。这里调优过程是一个判别模型,如图 4-4 所示。

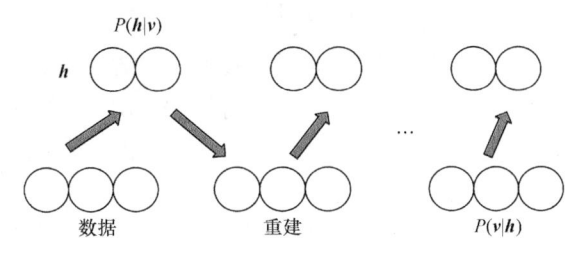

图 4-4 DBN 的调优过程

DBN 的调优过程如下:

生成模型使用对比唤醒睡眠算法进行调优,其算法过程如下。

（1）除了顶层 RBM,其他层 RBM 的权重被分成向上的认知权重和向下的生成权重。

（2）唤醒阶段:认知过程,通过外界的特征和向上的权重（认知权重）产生每一层的抽象表示（结点状态），并且使用梯度下降修改层间的下行权重（生成权重）。

（3）睡眠阶段：生成过程，通过顶层表示（醒时学得的概念）和向下权重，生成底层的状态，同时修改层间向上的权重。

DBN 使用过程中需要注意的两点：

（1）使用随机隐性神经元状态值，在顶层 RBM 中进行足够多次的吉布斯抽样；

（2）向下传播，得到每层的状态。

4.5　基于 DBN 的信用卡欺诈检测

本节构建一个基于深度置信网络（DBN）的信用卡欺诈侦测系统，研究并分析系统的设计思想、各主要功能模块的实现原理和处理流程。信用卡交易欺诈风险相对于申请欺诈更为隐蔽且欺诈模式不断变化，而 DBN 技术能够以其他方法无法达到的高精度逼近复杂非线性问题，在解决交易欺诈侦测等模式识别问题上具有明显优势。

4.5.1　基于 DBN 的信用卡欺诈检测模型

本节提出了基于有监督分类学习的受限玻尔兹曼机算法用于信用卡欺诈检测，其基本思路是增加受限玻尔兹曼机的权重与标签相关的服从高斯分布的惩罚项。受限玻尔兹曼机在训练阶段可以利用标签信息对权重进行有倾向的惩罚，激励相关权重加强对标签信息的学习能力，提取与标签相关的特征表示。在深度置信网络学习的第二步微调阶段，停止使用惩罚项，但是系统已经通过第一步的训练使权重学习得到与标签高度相关的信息。

基于深度置信网络的交易欺诈评分原型系统总体结构如图 4-5 所示，主要包括数据预处理模块、DBN 训练模块、DBN 实时处理模块、侦测输出和监控模块。数据预处理模块包括数据收集、变量衍生、数据转换和清洗、变量选择等；历史交易数据经过数据预处理之后进入到 DBN 训练模块，学习信用卡欺诈交易和正常交易的特征，建立深度置信网络模型；实时交易数据预处理对实时交易数据进行加工、匹配持卡人和商户信息、生成衍生变量，得到模型所需全部变量数据，对实时交易进行数据预处理时仅需处理模型筛选后的变量即可；DBN 实时处理模块则依据训练模块的结果对数据预处理后的实时交易进行欺诈评分，计算交易的欺诈可能性；最后输出模块根据 DBN 实时处理模块的评分结果并结合交易金额作出判断，联机欺诈评分系统输出模块根据设定的评分阈值和交易金额阈值决定实时交易是否可以授权通过，而脱机欺诈评分系统输出模块则根据自身设定阈值决定是否由欺诈调查员人工进行线下欺诈验证并采取后续措施；模型监控模块则用于跟踪监控整个系统的判别性能，在欺诈交易识别指标低于指标阈值时对系统参数及时进行调整或提醒维护人员重新训练 DBN 模型。

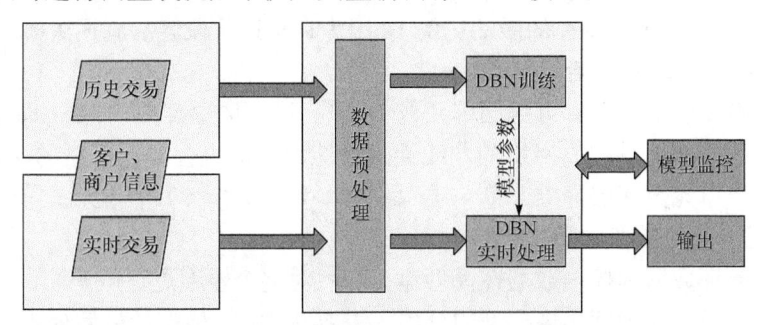

图 4-5　交易欺诈评分子系统总体结构图

4.5.2　DBN 模型训练

数据集选用欧洲的信用卡持卡人在 2013 年 9 月 2 日的 284807 笔交易数据（数据来源：https://www.kaggle.com/dalpozz/creditcardfraud），其中有 492 笔交易是欺诈交易，占比 0.172%。由于欺诈交易相对于正常交易量太少，我们随机抽取了 1000,2000,…,9000,10000 条正常交易记录与欺诈记录进行混合作为数据集。另外，出于安全和隐私保护的需要，数据采用 PCA 变换映射为 V1, V2, …, V28 数值型属性，只有交易时间和金额这两个变量没有经过 PCA 变换。输出变量为二值变量，0 为正常，1 为欺诈交易。首先将经过数据预处理的数据集拆分为训练和测试数据集，分别对正常交易和欺诈交易按照 7：3 的比例随机拆分，采用训练数据集进行 DBN 网络模型训练，测试数据集则用于模型的测试验证。本节采用上一节 DBN 模型训练步骤进行训练，由于 DBN 模型的训练时间较长，为更好地进行学习，提高 DBN 模型的效果，同时也为提高模型训练效率，需要对模型的一些训练参数进行设置，因为一些参数当前仍没有很好的确定方法，这里基于专家的经验总结和模型的效果对以下参数进行了设定。

（1）网络层数：目前在理论上还无法给出隐藏层层数的最优取值。为降低模型训练的复杂度，本书建立的 DBN 模型设置为 3 层隐藏层，加上输入层和输出层一共 5 层，输出层即为逻辑回归分类层。

（2）学习率：学习率过大会导致重构误差增大，一般控制权值更新为权值的 0.003 倍左右，本书设定模型的无监督学习阶段学习率为 0.003，微调阶段学习率为 0.002。

（3）最大训练周期：由于各层之间状态转移是无限趋近于马尔可夫状态平衡，因此需设定训练的最大状态转移次数，即最大训练周期。本书设定为最多 50 次状态转移。

（4）连接权值：初始化为接近于 0 的较小数值，本书采用标准高斯分布 N（0,0.01）随机生成连接权值。

（5）偏置初值：除输入层外偏置初值都设置为 0，输入层偏置设置为 $\log p_i$（p_i 为训练样本第 i 个特征的激活比例），因为在早期阶段容易利用隐藏层单元使得第 i 个特征值以 p_i 激活。

（6）隐藏层单元数：可见层单元数一般等于学习样本特征维度，即 160 个。网络单元数较多能够提高网络的非线性逼近能力，但也会降低模型的泛化能力，因此隐藏层单元数逐层降维，第一层隐藏层单元数选择 80 个单元，第二层选择 40 个单元，第三层则选择 20 个单元。

利用验证数据和检测数据在模型建立好后对整个模型进行微调测试，提升准确度。为了提升准确度实现模型的分类，需要在 DBN 模型的最后加入一个分类器，本书采用 SVM 进行分类，把不同类型的数据集与数据集对应的标签利用有监督的学习方法微调整个网络。

4.5.3 实验结果及分析

在 Gentoo Linux 系统上以 Pytorch 深度学习库为核心，Python 为主要语言构建实验平台。其中，主机 CPU 为 I7-4790K，内存为 32GB。同时由于缺乏 GPU 支持，本书所有实验均是在 CPU 上进行的。此外，本书使用 Pillow、opencv-python、NumPY 实现数据集的预处理工作，使用 Tensorboard 观察训练过程。

由于在信用卡交易中，高风险交易与正常交易的比例是非对称的，准确率只能反映检测结果的一个侧面。如在样本数据中，正常交易记录占 99%，而高风险交易记录只占了 1%，那么，即使把所有交易都检测为正常交易，其准确率也可达 99%。因此，交易风险检测模型的性能不能简单地以准确率来衡量。本节主要研究如何评估交易风险检测模型的性能。

为了进一步对我们提出的方法性能进行评估，采用了 ROC（receiver operating charact eristic curve）对结果进行评判和分析。对于异常检测，实际上就是一个二元分类问题，根据二元分类模型，则异常检测的结果有四种类型。

真阳性（true positive，TP）：检测为异常（欺诈交易），实际上也有异常（欺诈交易）。

伪阳性（false positive，FP）：检测为异常（欺诈交易），实际却为正常。

真阴性（true negative，TN）：检测为正常，实际上也为正常。

伪阴性（false negative，FN）：检测为正常，实际却为异常（欺诈交易）。

我们采用了召回率（Recall），精确率（Precision），F-检验（F-measure），总体准确率（Overall accuracy）作为检查标准，其表达式如下：

$$\text{Recall} = \frac{\text{TP}}{\text{TP} + \text{FN}} \tag{4-10}$$

$$\text{Precision} = \frac{\text{TP}}{\text{TP} + \text{FP}} \tag{4-11}$$

$$\text{F-measure} = \frac{(\beta^2 + 1)(\text{Precision} \cdot \text{Recall})}{\beta^2 \cdot \text{Precision} + \text{Recall}} \tag{4-12}$$

$$\text{where} \beta = 1$$

$$\text{Overall accuracy} = \frac{\text{TP} + \text{TN}}{\text{TP} + \text{TN} + \text{FN} + \text{FP}} \tag{4-13}$$

为了对 DBN 在信用卡欺诈检测中的性能有一个整体认识，实验进一步对比了 k-近邻算法、C.45 决策树算法、朴素贝叶斯分类算法以及支持向量机在本实验中数集上的检测结果。在模式识别领域，这四种方法通常利用分类的方式，划分出正常和异常行为。实验中，为了确保所有算法运行环境相同，只需要把数据集迁移到这四种算法中进行运行，以确保实验条件的一致性。

图 4-6 首先展示了 DBN 在欺诈检测中的效果，实验分析了从 1000 到 10000 个样本区间（每次增加 1000 个样本）的 DBN 检测精度。可以看到，在样本较少的情况下，检测精度不高，随着样本数的增加，DBN 有大量的数据进行训练，检测精度亦逐步提高，最终稳定在 93%左右。可以看出 DBN 在欺诈检测中，需要大量的数据进行训练，才能提高检测精度，这也符合深度学习需要大量样本进行学习的原则。

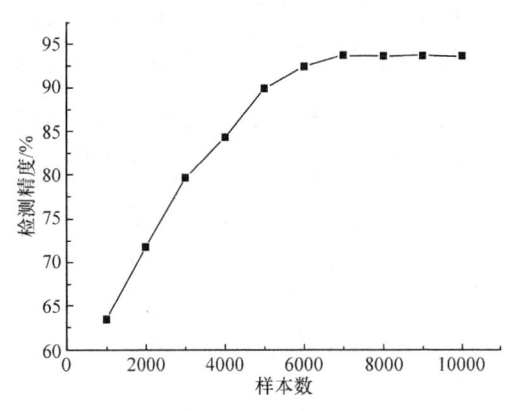

图 4-6 DBN 在信用卡欺诈检测中效果

为了进一步观察 DBN 在进行欺诈模型建立过程中训练次数与检测精度的关系，实验选择了 7000 个样本数量，同时设定训练次数从 1 到 10（每次增加 1），从图 4-7 中可以观察到在训练次数较少时，检测精度比较低，当训练次数超过 6 次以后，检测精度基本上稳定在 93%左右。

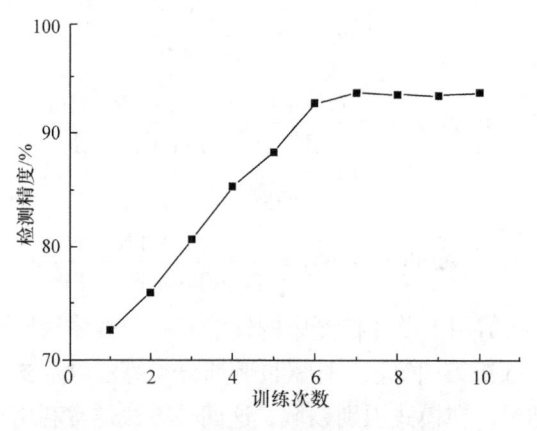

图 4-7　训练次数与检测精度的关系

在对其他四种方法进行对比测试后，从表 4-2 的实验结果中可以看到，除了支持向量机的检测性能与 DBN 的方法相当外，其他几种方法总体上性能低于 DBN 的检测效果。虽然 k-近邻算法在召回率上效果较好，但其总体准确率、命中率、误警率、准确度都和 DBN 有一定差距。当然其他检测算法在某些检测指标方面也表现出较优的性能，但是基于 DBN 的异常检测方法总体来看具有较好检测效果。由于采用了多层学习的结构，模型训练的时间较长，特别是随着层数的增加模型构建的时间逐渐延长，但考虑到信用卡检测属于离线检测，模型建立的时间在可接受范围内。表 4-3 展示了在 7000 个样本数的数据集合下训练及检测的时间，可以看出 DBN 方法相对于其他方法而言，训练和检测时间有所增加。

表 4-2　四种方法在信用卡欺诈数据集上的召回率、精确率、F-检验、
总体准确率、命中率、误警率、准确度　　　　　　（单位：%）

度量	k-近邻算法		C.45 决策树算法		朴素贝叶斯分类算法		支持向量机		DBN	
	训练	测试	训练	测试	训练	测试	训练	测试	训练	测试
召回率	88.32	87.51	89.32	91.24	90.37	90.48	87.51	87.31	88.47	88.21
精确率	90.77	93.20	90.02	89.22	92.22	90.53	91.14	89.08	90.35	89.42
F-检验	92.41	91.23	88.57	88.34	89.18	90.75	90.87	91.72	90.15	90.72
总体准确率	90.57	92.79	91.89	89.35	87.17	87.04	92.23	93.82	93.56	93.41
命中率	94.26	93.87	98.13	97.24	93.49	93.25	91.25	91.16	90.54	88.47

续表

度量	k-近邻算法		C.45 决策树算法		朴素贝叶斯分类算法		支持向量机		DBN	
	训练	测试	训练	测试	训练	测试	训练	测试	训练	测试
误警率	3.51	4.17	3.03	3.46	2.88	3.04	2.27	3.15	3.11	3.28
准确度	90.19	90.33	87.17	87.02	91.28	90.15	92.41	93.83	94.51	92.16

表 4-3　训练及检测时间　　　　　　　　　　（单元：s）

度量	k-近邻算法	C.45 决策树算法	朴素贝叶斯分类算法	支持向量机	DBN
训练	347	412	376	456	532
测试	92	113	96	109	124

4.6　本　章　小　结

随着信用卡交易方式的普及，越来越多人选择信用卡支付。而在大量的信用卡交易过程中隐藏的欺诈交易的数量也呈现爆发式增长，而且欺诈手段和方式多样化，给欺诈检测带来了不小的挑战。传统的分类检测、欺诈特征提取、关联交易分析已经不能满足当前不断增加的欺诈形式，且对那些隐性的欺诈行为更是难于检测。本章把当前人工智能领域最前沿的深度学习理论应用于信用卡欺诈检测，并结合信用卡交易的特点，提出了一种深度信念网络的欺诈检测模型，通过多层训练、不断调优的过程建立针对信用卡交易的欺诈检测模型。实验分析表明，采用深度信念网络进行有监督训练后，欺诈检测的精度高于传统的检测方法，而带来的时间开销增长不多。本章提出的检测模型适用于对时间响应要求不高的离线欺诈检测，且具有清晰的系统检测结构，易于大规模部署。

第5章 基于非负矩阵分解的股票异常波动的识别

随着金融市场，特别是股票市场的发展以及新兴转型市场经济国家股票市场的建立和运行，出现了大量的传统金融市场理论无法解释的"金融异常现象"（financial anomaly）。中国股票市场作为一个典型的不成熟新兴市场，在建立背景、运作方式和发展历程等方面与国外成熟股票市场相比存在很大差别，其产生的"金融异常现象"更加突出和显著。系统深入地分析中国股票市场发生的"异常现象"，并对其产生的原因进行深入探讨，是正确解释中国股票市场行为的有效途径，其对于加强中国股票市场的风险管理和控制、改善政府对股票市场的监管效率，进而保障中国股票市场健康、稳定、持续发展都具有非常重要的理论和现实意义。

异常检测旨在检测出不符合期望行为的数据，因而适合应用于故障诊断、疾病检测、入侵和欺诈检测、金融市场波动检测等多个领域。在对股票市场波动相关理论和模型的研究中，主要集中于异常波动的分析，具有时间序列的股票市场数据中的异常波动通常会导致模型参数估计偏差、较低的波动预测准确性以及得出一些无效的结论等。因此，对股票市场的时间序列数据中的异常值检测具有重要意义。

5.1 异常数据在股票市场中的产生原因

结合我国经济以及金融尚处于转轨阶段的特殊性，我们认为引起中国股票市场出现异常数据现象主要有以下四个方面的影响因素。

5.1.1 宏观经济的影响

现实生活中，宏观经济与股票市场有着非常密切的关系。股市素有国民经济的"晴雨表"之称，这是因为宏观经济活动以及宏观经济政策对股票市场的影响具有全局性，股市的走势可以折射出当前的经济状况是繁荣还是萧条[55]。这是由于宏观经济环境影响大多数产业的状况，而产业状况又影响了上市公司的经营业绩；上市公司经营业绩则主要反映了大多数普通股的收益和投资回报率情况，其好坏进而影响大多数普通股股价的涨跌，最终影响股票指数的涨跌，因此股市的波动性跟宏观经济有着相当密切的关系。可以看出宏观经济变量可以通过直接影响公司的经营状况和盈利能力，进而间接影响股票的获利能力，并最终影响公司股票的内在价值及股票价格的波动。宏观经济变量可以通过直接影响居民的收入水平，从而间接影响对未来的投资心理，并最终影响股票市场上的供求关系，引起股票市场的波动。因此，宏观经济变量对股票价格波动有重要的影响作用。从原理上看，股市与宏观经济的走势应该是一致的。虽然在人们预期心理或其他因素作用下，宏观经济走势与证券市场可能会出现短暂的背离，出现超前或滞后[56]，但总的来说，两者的基本趋势是一致的。

5.1.2 投资者行为的影响

作为一个新兴加转轨的股票市场，我国的投资者与成熟市场下的投资者相比，有其固有的行为特征，这些行为特征必将对股市波动产生影响。

1. 机构投资者的影响

我国股市之所以不成熟，不仅在于不成熟的市场结构，还在于投资者投资行为决策的不成熟。一般来讲机构投资者拥有大量投资金额，具有信息搜寻优势，与个人投资者相比具有较为理性的投资，可以利用资产组合的方式来有效化解投资风险并注重长期投资。因此以机构投资者为主的证券市场，其市场稳定性一般高于以个人投资者为主的证券市场，市场的定价效率层次也较高。在成熟市场的投资者结构中，机构投资者占主导地位，这对稳定市场起着重要的作用。

虽然在我国市场中机构投资者本应成为证券市场中投资理念和投资策略的领导者，但是我国的各类机构投资者，尤其以证券投资基金为代表的机构投资者的专业素质并不高，加之我国股市本身存在着严重的制度缺陷和结构失调，导致十分显著的羊群行为，从而使得投资基金运作和外部市场环境之间产生了尖锐的矛盾，这种矛盾体现为以下三个方面：①上市公司行为特征与基金的运作模式之间存在矛盾；②基金的理性投资理念与市场普遍的短线投机观念之间存在矛盾；③基金的性质与中小投资者理念之间存在矛盾。我国机构投资者的上述行为特征必然会对股市波动产生重要影响[57]。很多时候，机构投资者不但未成为市场稳定的主力军，而是进行追涨杀跌，甚至恶意进行短线炒作，这必然会大大加剧我国股市的波动。

2. 中小投资者的影响

与成熟市场不同，我国股票市场的投资者主要以中小投资者为主。在股票市场的早期，与机构投资者相比，以散户为主体的中小投资者无论是开户数还是投资总额都占绝对优势。尽管近年来政府大力扶持基金等机构投资者的发展，但至今为止，仍未改变以中小投资者为主的基本格局。与基金等大机构投资相比，以散户为主体的中小投资者无论是投资知识还是信息获取都处于弱势，其投资行为的非理性程度很高，这必然会加剧股票市场的波动。我国股市中小投资者的行为偏差具有一般性和本土化特点。出于对经验和直觉的依赖，个体投资者的决策过程是随机应变的，他们常常依据决策性质和决策环境而做出不同的选择。这种普遍的情绪在股价持续上涨阶段表现得尤为明显。

此外我国中小证券投资者的投资理念、投资目的以及在投资决策上的表现，由于面临与群体保持一致性的压力，中小投资者往往有很强的从众心理。由于我国正处于经济转轨和社会转型时期，社会文化发生变异，投资者道德观念与价值判断标准紊乱，我国证券市场价值取向的非理性程度也在进一步增大。一些机构投资者或个人大户，依靠资金优势和信息优势，操纵一些股票的价格以牟取非法利益。以上投机性交易特征是我国股市波动性很强的重要根源。中小证券投资者投资行为的非理性，促使其在过度自信的基础上过度交易，而从众心理也会导致个体证券投资者的羊群行为倾向。这种羊群行为在股市波动中必然起到推波助澜的作用。

5.1.3 政策的影响

政策直接影响着股市的走势，而政策的频繁变动更是加剧了股市的波动。这与政府的多重身份和有关部门出台的政策连续性有很大的关系。政府在股票市场中同时扮演着股票市场的监管者、股票市场中的股东代表国有股代表、股票市场中投资者的保护神等多重身份，在很大程度上制约和影响着政府在股票市场中监管职能的发挥。考虑到包括社会稳定和社会保障在内的多种职责，政府不可能像其他投资者那样，仅以自己的投资额为限承担有限责任。政府既是规则的制定者，又是规则执行的对象，"裁判员" "运动员" "救世主"身兼多职。不难想象，一方面存在如此多的利益考虑，另一方面是变换纷繁的股票市场，政府的政策也就难免顾此失彼，甚至是前后矛盾。因此，我国沪深股市比美国和我国香港成熟市场的稳定性程度都要差，主要表现在股市涨跌的幅度较大，以及发生较大涨跌幅度的频率较高。这些都使得我国沪深股市的投资风险大大高于其他成熟市场的投资风险。

从我国股市发展看来，我国股市还是一个新兴市场，与之对应的相关政策、市场制度、投资环境等还不够完善、健全，市场参与者的规范意识、理性程度欠缺。因此，政府行为在股市发展的过程中产生了重大影响，政策影响的现象非常突出，政府对股市的过多干预一方面对股市的发展起到了良好促进作用，另一方面也导致其资源配置失真、股价过度波动，对市场造成不利影响。

5.1.4 制度的影响

我国股市近十几年的快速发展掩盖不了众多制度缺陷,这些制度的缺陷就像一条条沉重的尾巴,拖住了股市前进的步伐,但是这也是实行政府主导的强制性制度变迁所带来的必然结果,因为强制性的制度更看重一时的效率,寻求的是突破口,所以在配套制度的建设上没能跟上,而最终这些制度缺陷也极大地阻碍效率的发挥,导致了股市不正常的波动。我国股票市场制度的缺陷主要体现在两个方面。首先,股票流通制度的缺陷。我国股票流通制度存在的最大缺陷是在 2005 年以前的十多年间存在的三分之二的股票不流通,只有社会公众持有的三分之一的股票流通。这种流通股与非流通股截然分开的股权分置现象对我国的股市波动有重要影响。其次,信息披露机制不健全。我国建设市场经济的历史短,对信用的认识比较肤浅,传统观念还存在,使得信用体制的建设缓慢。而在实际中,体制因素使得上市公司在披露信息时不够及时,甚至是秘而不宣。在我国,证券立法、执法和守法均存在疏漏,相对来说,立法和执法存在的问题更多。证监会制定的规范不可谓不多,禁止性规定多,但在有关法律责任的规定中却轻描淡写,甚至是于法无据,在执法中更是软弱无力,往往是在事情变得很糟了,才予以处罚,没有防范机制。造假行为缺乏监督,导致个股的异常波动,影响股市的投资环境。

除此之外,信息披露机制的不健全,再加上投资者的羊群效应也将导致股价波动的涨跌幅过大。在一个充满不确定性的证券市场上,信息可以减少不确定性,信息披露机制不完善意味着投资者不能获得准确、及时和有效的信息,使得投资者不能正确的分析判断股票的走势,从而获得利润或者避免重大的经济损失。由于人们的有限理性,加之市场信息不对称、交易者对信息的观测和知识能力的差异,这时候,缺乏信息的投资者的趋同性,削弱了市场基本面因素对未来价格预期走势的作用,当许多投资者在同一时间买或卖相同的股票时,对该股票将产生超额需求或超额供给,从而导致股票价格的异常波动。

5.2 异常检测方法

通常,根据机器学习、模式识别的理论和方法可以把检测方法归为六类:基于类别的检测、最邻近检测法、基于聚类的检测、统计检测、基于信息理论的检测、基于光谱理论的检测。近年来也发展了利用信号处理的方法来进行异常检测。特别是在高频或者超高频金融数据的建模方面,取得了一些研究成果,如在 GARCH 类模型基础上发展的弱 GARCH 模型和异质 ARCH 模型等[12],但是还没有一个被普遍认可的模型框架。Andersen 和 Bollerslev 于 1998 年提出了"已实现"波动的测量方法[13]，通过"已实现"波动理论，把高频数据的金融波动转换成一个可观测的时间序列，如此就可以采用常规的标准时间序列分析方法对高频数据进行建模研究。在多变量的情况下，"已实现"波动理论还可以克服多元GARCH 模型和多元 SV 模型参数估计中的"维数灾难"问题[14]。

本节在考虑直接用小波分析进行异常检测的局限性的基础上，引入了一种非负矩阵分解（nonnegative matrix factorization，NMF）的数据处理方式。非负矩阵分解自 1999 年 Lee 和 Seung 在《Nature》上提出后[58]，在图像处理、文本信息处理、生物信息等领域有着广泛的应用[59, 60]。NMF 的最大优点是能够在一定程度上识别数据的局部特征，定量地刻画局部与整体之间潜在的、可加的非线性组合关系。我们利用 NMF 对高维股指数据进行分解，得到最具股指特征的权系数向量，并对该向量构成的信号采用小波分析的方法，得到权系数向量的多层分解波形，通过加权融合的方式，计算出超出波动阈值的异常点。

5.3 非负矩阵分解方法

矩阵分解是实现大规模数据处理与分析的一种有效工具，是一种特征提取方法，主要用于降维处理、数据压缩和局部特征提取等方面[61]。其基本思想简单描述为：对于任意给定的一个非负矩阵 $X = [x_{i,j}]_{n \times m}$，NMF 能够寻找到非负矩阵 $U = [u_{i,j}]_{n \times d}$ 和 $V = [v_{i,j}]_{d \times m}$，使得它们满足

$$X \approx UV \quad (5\text{-}1)$$

原矩阵 X 的任意一列矢量可以解释为对左矩阵 U 中所列矢量（称为基矢量）的加权组合，而权重系数为右矩阵 V 中对应的矢量元素。如果矩阵 U, V 分别重写为

$$U = [u_{i,j}]_{n \times d} = [U_1, U_2, \cdots, U_d] \quad (5\text{-}2)$$

$$V = [v_{i,j}]_{d \times m} = [V_1, V_2, \cdots, V_m] \quad (5\text{-}3)$$

进行非负矩阵分解后，矢量 X_j 被表示为

$$X_j \approx UV, \text{ 其中，} V_j = [v_{1j}, v_{2j}, \cdots, v_{dj}]^{\text{T}} \quad (5\text{-}4)$$

$$X_j \approx v_{1j}U_1 + v_{2j}U_2 + \cdots + v_{dj}U_d \quad (5\text{-}5)$$

矢量 X_j 可以通过矩阵 U 的列矢量 $U_1, U_2, \cdots, U_d$ 的线性组合来近似表示，而 X 与 UV 之间的误差定义为

$$D(X \| UV) = \sum_{i,j} \left[\log \frac{x_{i,j}}{\sum_k u_{i,k} v_{k,j}} - x_{i,j} + \sum_k u_{i,k} v_{k,j} \right] \quad (5\text{-}6)$$

其中，$U,V \geqslant 0$，$\sum_i u_{i,j}=1$。

寻找最优 U,V 的过程就是最小化 $D(X\|UV)$ 值的过程，因此我们需要找到一种方法既能快速把 X 分解为 U 和 V 两个非负矩阵，又要确保 $D(X\|UV)$ 的值最小。这里我们采用一种求解非负矩阵的迭代计算机方法。通过重复迭代规则可以保证 U,V 收敛于局部最优。迭代算法的公式如下：

$$v_{k,j} = v_{k,j} \sum_i u_{i,k} \frac{x_{i,j}}{\sum_l u_{i,l} v_{l,j}} \tag{5-7}$$

$$u_{i,k} = u_{i,k} \frac{\sum_j v_{k,j} \frac{x_{i,j}}{\sum_l u_{i,l} v_{l,j}}}{\sum_j v_{k,j}} \tag{5-8}$$

其中，u,v 可以选取任意的非负矩阵作为初始值，通过多次迭代最终收敛到稳定的 u,v。

NMF 的实质是：在尽可能保持信息完整的情况下，将高维的随机模式（$\{x_j, j=1,2,\cdots,N\}$）简化为低维的随机模式（$\{V_1,V_2,\cdots,V_N\}$），这种简化的基础是估计出数据中的本质结构 U。从代数的观点看，$X_j \approx \sum_{i=1}^M U_i V_{ij}$，$U$ 的列是基，V 要依 U 的存在而存在。从机器学习的角度看，U 包含了随机向量 x 的某些本质特性，它除了要被用于描述训练数据外还要被用于描述非训练数据，且 U 确定了后依据一定的 X 和 UV 间差异度量准则 V 也就确定了，所以 U 蕴涵了 NMF 学习结果的全部内容，它是学习过程中被学习的唯一参数。此外，无论依据那种 X 和 UV 间差异度量准则，V 均为 X 在 U 上的非线性投影结果（或者说，对于随机向量 x 的任意一次实现 x_i 有 $x_i \approx Uv_i$，v_i 为 x_i 对 U 做非线性投影的结果，x_i 可为训练数据，也可为非训练数据），所以 NMF 体现了一种非线性的数据维数约减思路。

5.4 基于非负矩阵分解的股票市场异常波动检测

针对股票市场数据的异常检测，我们利用 NMF 对股指数据矩阵进行分解，同样可以得到代表股指特征的基和低维的权重系数，然后对权重系数矩阵实施小波变换，得到多层级的不同粒度的波形，从波形幅度中判断异常情况。其具体流程如图 5-1 所示。

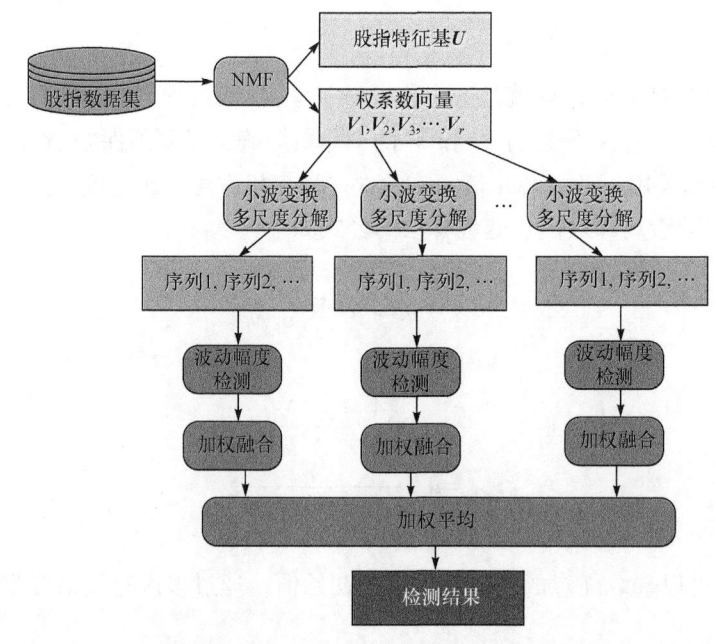

图 5-1 基于 NMF 的股指波动异常检测流程

（1）对股票时间序列 $X_{n\times m}$ 进行非负矩阵分解得到基矩阵 $U_{n\times r}$ 和系数矩阵 $V_{r\times m}$。基矩阵可以看作是构成股票时间序列数据的基本单元，任何一支股票指数都是由这些基本单元构成。这里可以称为"股指特征基"。系数矩阵是这些特征基组合成股票时序数据的权值。V_i 是矩阵 V 的列向量，是对应股指向量 X_i 的权系数向量，也就是说单个股指的时间序列数据是股指特征基 U 与 V_i 的乘积。由于 V_i 的维度小于 n，这一步实现了维度约减。

（2）由于 U 是基，因此对股票异常波动的检测被转换为对系数矩阵中的异常分析。这里把 V_i 看成 r 维空间的点，这点是具有时间序列性的。因此现在的问题是解决 V_i 构成的序列中，存在哪些异常变化。这里，我们利用小波变换分别对 V 中的序列进行变换，从变换后的序列中找出那些"尖锐"的波形作为异常。具体步骤如下：

①把 V 的每一列 V_i 当作一个序列。由于 V 是进行非负矩阵分解后的权系数矩阵，对原时间序列数据矩阵的压缩，相当于减少序列的属性，因此我们只需要分别对序列向量 V_i（$i=1,\cdots,r$）进行小波变换，然后综合分析 1 到 r 个向量的异常情况。

②选择小波函数。利用不同小波基函数来对 V 进行多尺度分解，通过选择不同的小波基来进一步分析异常检测的能力。

③生成小波变换序列，找出序列的"尖锐"部分。

④由于 V 包含多个序列，因此结合每个序列小波变换的"尖锐"部分，分析并判断对应位置是否为异常。

在确定了序列异常位置后，要进行实证分析。因此我们找出检测到的异常波动相对于序列的位置,然后在原始矩阵数据中对应的位置标记出异常事件,并考察那个时候股市指数的变换情况,从而判断检测的准确性。

5.5 实验分析

我们采集了从 2000/01/04 到 2015/12/03 的上证股指数据,共 3851 项记录,42 个属性值,对应的是 42 条 15 年间的时间序列股票指数。然后,进行非负矩阵分解 $X_{m\times n}=U_{m\times r}V_{r\times n}$,$r$ 为分解指数。其中,U 表示基矩阵,每个列向量是构建整个股指矩阵的基元;V 表示系数矩阵,是基元构建股指的权重,我们用权重序列来表示整个股指序列;r 同时也表示了对特征空间的压缩程度,$r=n$,则分解过程中没有压缩。实验分别取 $r=1,5,10$ 获取的三组分解后的系数矩阵,以压缩的方式来表示原始采样数据。

由于采用了迭代分解的方式,即先初始化基矩阵 U,然后根据式(5-7)和式(5-8),迭代计算 U 和 V,并达到收敛条件。实验选取了随机系数矩阵来初始化基矩阵 U。图 5-2~图 5-4 展示的是进行非负矩阵分解后,系数矩阵 V 的序列表示。横坐标表示采样点位置,对应于原始采样数据的采样时间,纵坐标表示的是分解后得到的权重系数值。

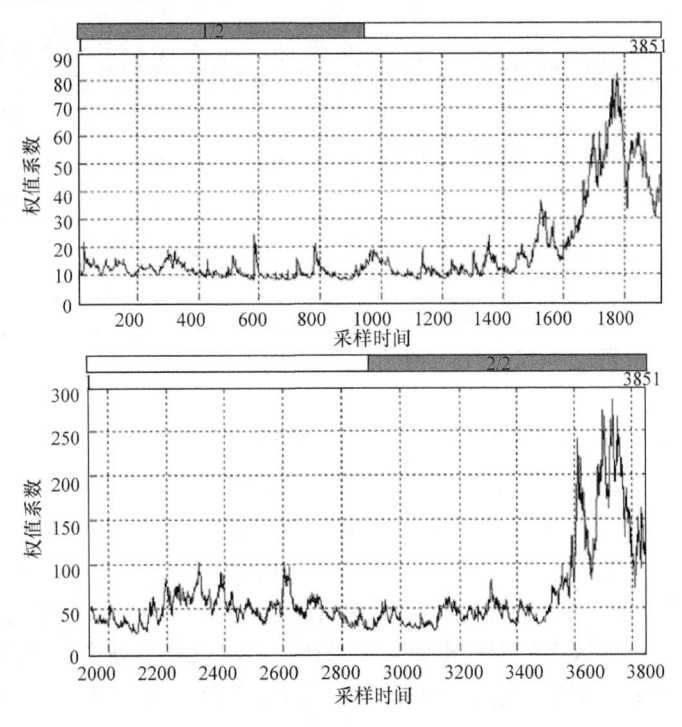

图 5-2 $r=1$ 时,使用随机系数矩阵来初始化基矩阵 U,稀疏度为 51%,条件数为 185.2

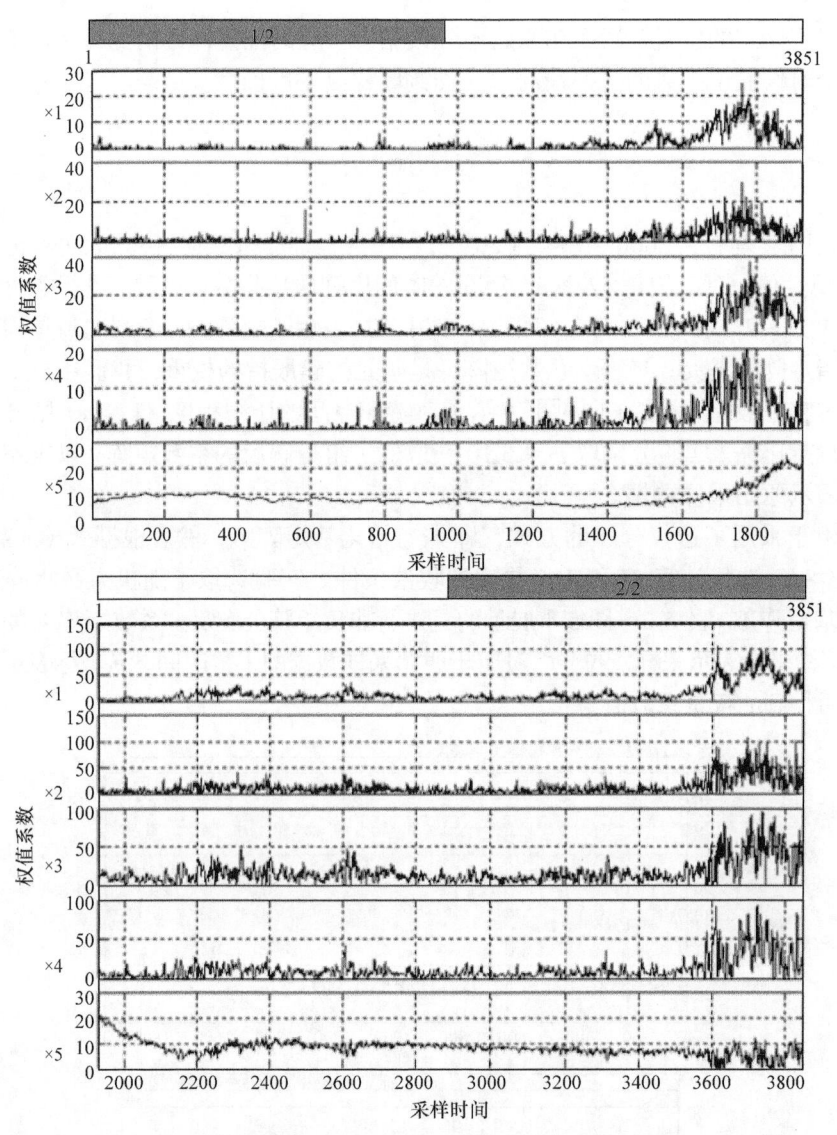

图 5-3　$r=5$ 时，使用随机系数矩阵来初始化基矩阵 U，稀疏度为 51%，条件数为 185.2

为了从权重系数 V 中分析出异常情况，我们进一步对这些权重系数序列进行小波变换。由于股指数据的波动比较频繁，为了更好地分析异常波动，应该适当增加小波分解阶数。但随着分解阶数的增加，尺度空间和小波空间的变化越来越小，而工作量却成倍的增加，故分解层数也不宜过多。经过实验比较，选用 5 级分解。从分解的 5 级序列中找出超过波动阈值的"尖锐"波形，进行加权平均。然后从这些加权平均的"尖锐"波形中，通过设定异常判定阈值，从而检测出异常波动。

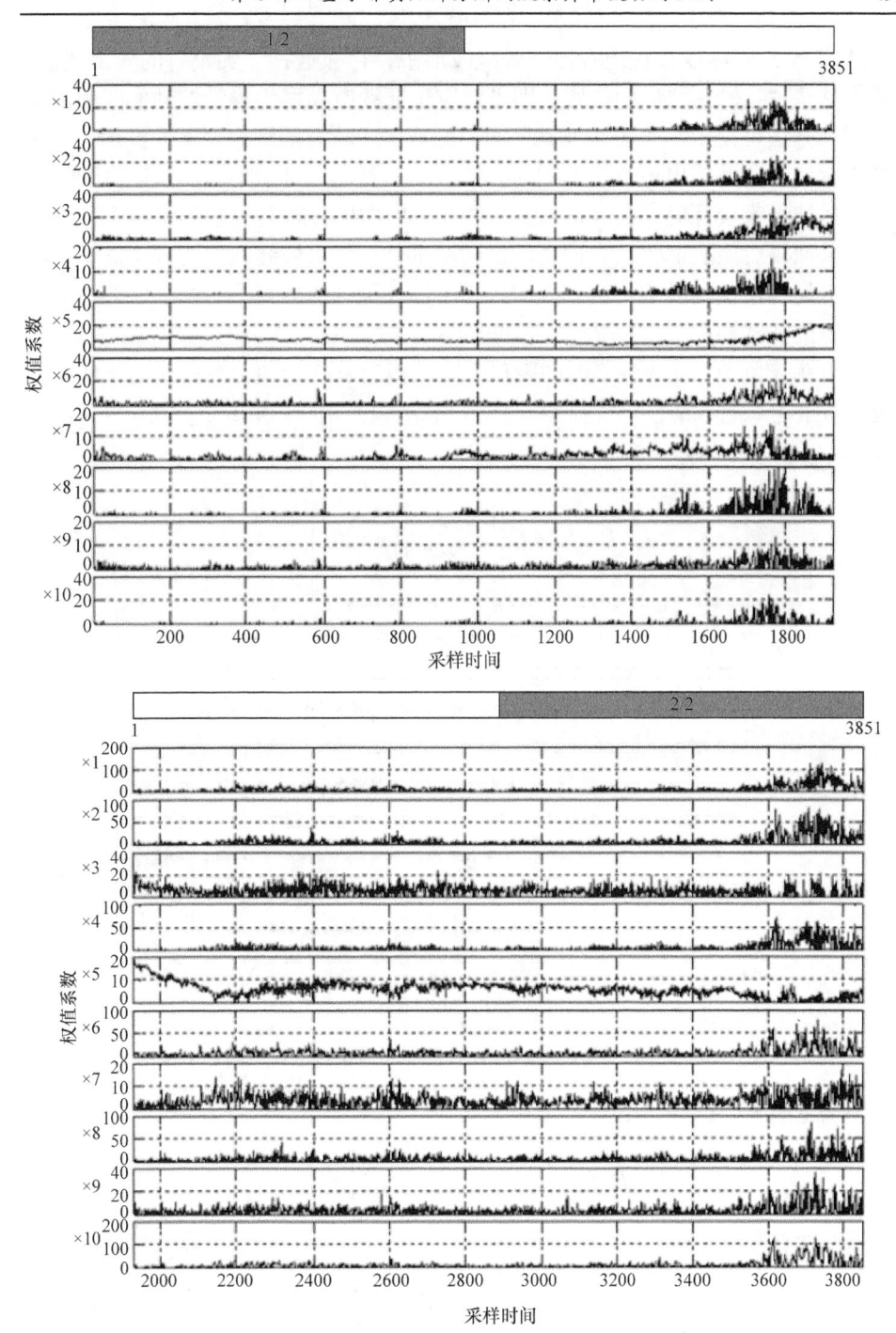

图 5-4　$r=10$ 时，使用随机系数矩阵来初始化基矩阵 U，稀疏度为 51%，条件数为 185.2

从图 5-5 中可以直观地看出，各级波形中，存在这种"尖锐"的异常波动，定位出这些"尖锐"波形的位置，即可对应于证券市场发生异常波动的时间。我们采用的方法是设定一个正常波动区间，凡是在这区间范围内变化的波形，都认为是正常波动，而超出该范围的则为异常波动。因此，对于小波变换后得到的各个层级的波形都会计算出异常波动点，然后采用加权方式对这些异常波型进行判断。如果加权后该波形仍然在设定的区间范围外，那么最终认定为异常波动。考虑小波分解各层次的粒度不同，我们采用了加权融合的方式进行叠加，并最终计算出该点的波动幅值。加权融合的权重计算方式如下。

设 x 为实际值，v 为观测时的随机误差，假定 x 估计值 $\hat{x}$ 与观测值 z 成线性关系，且 $\hat{x}$ 为 x 的无偏估计，则有 $\hat{x} = \sum_{i=1}^{n} w_i z_i$，设估计误差为 $\tilde{x} = x - \hat{x}$，取代价函数 $\tilde{x}$ 的均方误差，有

$$J = E(\tilde{x}^2) = E\left\{\left[x - \sum_{i=1}^{n} w_i(x + z_i)\right]^2\right\} \quad (5\text{-}9)$$

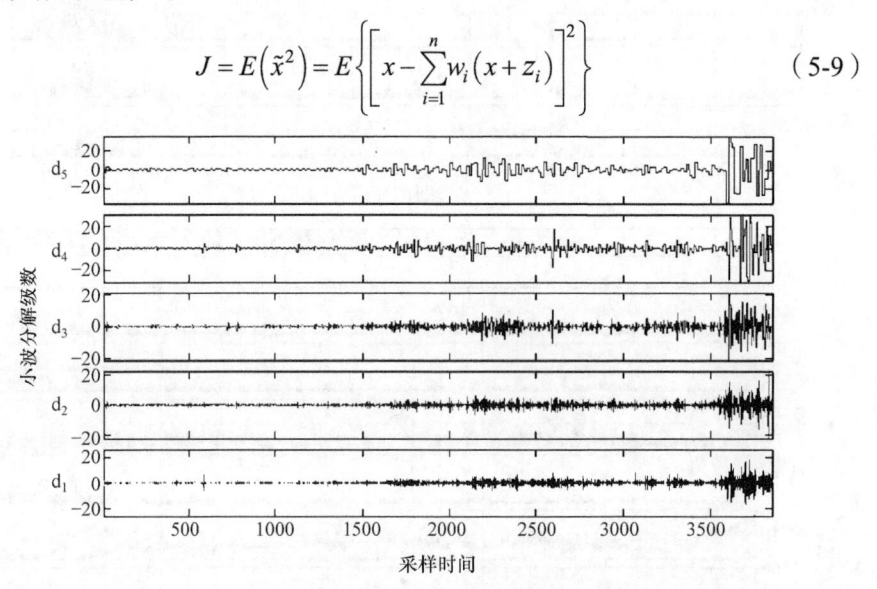

图 5-5 对图 5-2 表示的权重系数采用 haar 小波进行 5 级分解后的波形

因为 $\hat{x}$ 为 x 的无偏估计，所以

$$E(\tilde{x}) = E\left[x - \sum_{i=1}^{n} w_i(x + z_i)\right] = 0 \quad (5\text{-}10)$$

因此代价函数可写为

$$J = E(\tilde{x}^2) = E\left(\sum_{i=1}^{n} w_i v_i\right)^2 \quad (5\text{-}11)$$

为使得 J 最小，对其求导解出最优权值：

$$w_i^* = \frac{\prod_{j=1; j\neq i}^{n} \sigma_j^2}{\sum_{j=1}^{n} \sigma_j^2} \tag{5-12}$$

因此最优估计量为

$$\hat{x} = \sum_{j=1}^{n} \frac{\prod_{i=1; j\neq i}^{i=n} \sigma_i z_i}{\prod_{i=1}^{n} \sigma_i} \tag{5-13}$$

根据多元函数求极值理论，可求出均方误差最小时所对应的加权因子为

$$w_p^* = \frac{1}{\sigma_p^2 \sum_{i=1}^{n} \frac{1}{\sigma_i^2}} \tag{5-14}$$

这里加权因子 w_p^* 就作为各层小波分解中计算出的异常波动点的加权值，进一步计算可能异常点的值就是各层分解系数与加权因子 w_p^* 乘积的叠加。

以上方法是计算一个权重系数矢量构成的波形。由于进行小波分解的数据来源于对股指数据进行非负矩阵分解后得到的权重系数 V，因此非负矩阵分解过程选择的尺度 r 决定了最终产生权重系数波形的个数。本章中，我们选择了 $r=1,5,10$ 进行了分解，并对每个权重系数波形进行单独的小波分解，检测出相应的异常波动位置。对于具有多个权重系数的波形（如 $r=5,10$），这里直接采用加权平均的方式计算波动幅度值。因此，在计算波动幅度值的过程中，有两次加权求值。

（1）对于 NMF 产生的权重系数矢量，进行 5 层小波分解后，计算出每层的异常点，然后进行加权融合，得到该权重系数矢量对应波形的异常点。

（2）当 NNF 的分解尺度 $r\neq 1$ 时，需要对分解得到的每个矢量波形经小波处理后的异常点的幅度值进行加权平均。

最后，经过两次加权得到的幅度值仍在设定的波动区间外，我们认定为异常。为了进一步分析权重系数与异常点的关系，我们分析了根据式（5-14）计算得到的加权系数。根据小波变换得到 5 层波形，对应每组数据会得到 5 个加权系数，由于我们的数据量较大，把数据分为 50 个区域，每个区域包含 80 个样本，因此每组数据的加权实际上是 80 个样本各自按照式（5-14）计算得到的均值。从图 5-6 中可以看出，在区间 25~30，40~50 中的样本的权重系数变化剧烈，而这部分正是异常点集中出现的区域。因此进行小波 5 层级分解后进行加权的系数，实际上也受异常波动的影响出现较大幅度的波动，而非异常情况下的加权系数趋于一致，近似于加权平均。

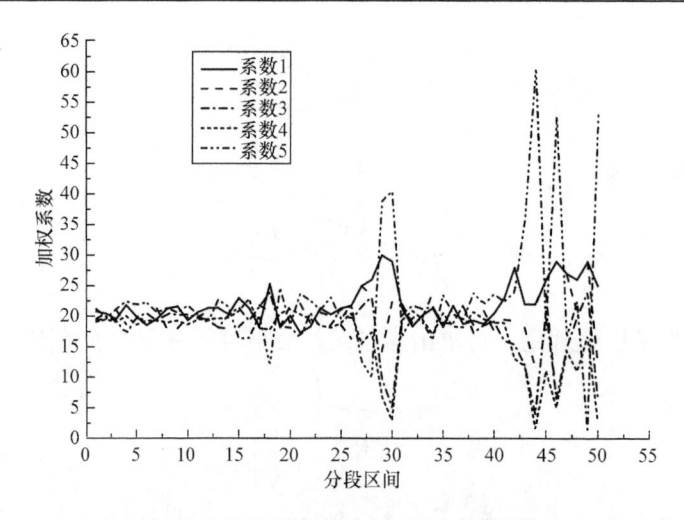

图 5-6 加权融合方法中的加权系数分布

在整个实验中分析中,根据提出的异常检测方法,在 2000/01/04～2015/12/03 的上证股指 3851 项数据纪录中,一共检测到异常波动 107 个,相应地,我们统计分析了在所有分段区间的每个记录项,股指波动幅度超过 5%的有 137 个,且时间点上基本吻合。

5.6 本章小结

本章提出了一种采用非负矩阵分解实现股指波动检测的方法。非负矩阵分解能有效地从大量的股指数据中提取出最具特征表达的权系数矩阵,而构成该矩阵的向量则隐式表达了股指特征,而该特征序列也是具有时序性的。然后进一步用小波对这些时序向量进行分解,从分解后产生的波形中判断出异常波动。当然在进行异常波动检测中,我们引入了加权融合的方式,通过两次加权,最后计算出了异常点。实证分析发现,本章的方法与实际情况基本吻合,只在对时间段连续波动的情况下检测效果略差,除此之外,都能确保较高的精准度。在后续的研究中,需要在该检测模型的基础上,扩展模型的数据估计能力,进一步研究短期内的波动预测方法。

第6章 基于 CNN 的贷款违约预测

随着世界经济的蓬勃发展和中国改革开放的逐渐深入，无论是企业的发展还是从人们消费观念的转变，贷款已经成为企业和个人解决经济问题的一种重要方式。随着银行各种贷款业务的推出和人们日益膨胀的需求，不良贷款也就是贷款违约的概率也随之激增。为了避免贷款违约，银行等金融机构在发放贷款时会对借款人的信用风险进行评估或打分，预测贷款违约的概率并根据结果做出是否发放贷款的判断。贷款违约预测，就是研究如何在发放贷款前有效的评价和识别借款人潜在的违约风险。特别是在全球经济一体化的今天，资本的流动性和灵活性是前所未有的。市场的参与者不能只是一味追求利益最大化而忽略对风险的控制和预警，否则只能得不偿失。而贷款违约预测是金融机构信用风险管理的基础和重要环节，用一套科学的模型和系统来判定贷款违约的风险性可以将风险最小化和利润最大化。只有当决策者、管理者和监管者，在追求高额利润的同时与时俱进的重视和创新风险监管和控制方法，对潜伏并滋生在金融市场里的风险进行充分理解、预测、及时处理，金融市场才能真正健康繁荣的发展。

6.1 贷款违约检测研究现状

银行贷款最早从西方开始，因此对贷款违约预测最早也是从西方的金融信用部门开始。最早的方法是基于指标做人工判断，信用机构根据一些定性标准（如 5C 标准，即借款人的道德品质、还款能力、现金状况、安全性、经济条件等 5 个方面）来确定风险等级以及是否支付贷款。不过这个方法存在着若干缺点，如审批效率低下，对贷款审判人的能力各方面要求高，而且存在不同审批人对同一申请贷款人审批结果不一致的情况[62]。

为了克服以上缺点，银行和其他金融机构提出了一个基于规则的方法。该方法将上述的指标细化为规则，从而审批人不再根据各种模糊的指标来判断是否放款，直接根据详细的规则给出结论。审批人也不一定要求是风险评估专家，一般业务人员即可参加，大大降低了对审批人的要求[63]。

1960 年后随着经济金融的发展、信用卡以及互联网的诞生，大量的贷款业务开始涌现，而效率较低的规则判断方法已经不再能应付日益增长的贷款申请。

因此各个机构开始研究和使用基于信用评分模型的自动贷款审判系统，用其代替规则审批的工作[64]。这些审判系统一般用数据挖掘、统计等方法来预测贷款申请人的信用评级和还款能力。

国外较早就开始进行了关于贷款违约预测的研究，如 Banasik 等提出的两步 Heckman 模型[65]，Altman 提出的 Z-Score 模型[66]，Henley 等提出的 KNN 方法计算信用风险[67]等。国内学者也进行了相关研究，有基于多级模糊综合评判法对个人信用评分模型的研究[68]，基于神经网络的对个人信用评分模型的研究以及基于数据挖掘技术的商业银行个人信用评分模型研究[69]等。总体来说，违约预测模型的发展经历了基于判别分析、基于回归分析以及基于数据挖掘的过程。

（1）基于判别分析。

1941 年 Durand 提出了基于判别分析算法的信用评分模型[70]，此后金融等领域的研究者开始利用该算法来建立信用评分系统。William 和 Earl 等利用判别分析的方法对消费者分期付款融资的风险因素进行了分析；Myers 和 Forgy 利用判别分析法对贷款业务的违约情况进行了预测判断[64]，证明其有效性；1968 年，财务专家 Altman 提出了基于判别分析的"Z-Score"模型，他用该模型对特定领域的公司进行破产预警。

（2）回归分析模型。

以线性回归、逻辑回归以及 probit 回归等组成的回归分析算法是目前贷款预测最为常见的算法。最早是 1970 年 Orgler 采用线性回归模型做了一个类似于信用卡的评分卡[71]，他的实验表明消费者行为特征相比申请表的资料更能够预测未来消费者违约可能性的大小。他从样本变量中提取出一些指标作为特征向量，然后把这些特征加入参数后综合起来以代表申请人的违约概率。该算法最后得出的模型中每个特征都有一个相应的系数，因此相比于其他算法，该模型结果可以清楚的看到特征在模型中所起的作用，方便解释模型以及后期的调优处理。

目前，众多研究报告表明，逻辑回归在贷款违约预测领域性能较为优秀。1980 年 Wiginton 分别使用了判别分析和逻辑回归算法进行个人信用建模，实验最后表明逻辑回归预测精度更高[72]；1992 年 Nath 等用规划法和回归分析进行信用建模，实验表明两个算法性能较为接近[73]。尽管各种贷款违约模型算法林林总总，但是大多数金融机构仍偏向用基于回归分析的方法，究其原因是该算法性能好，各项系数清晰，可解释性强，模型也更加简单、健壮。

（3）基于数据挖掘的方法。

基于数据挖掘的方法把违约预测问题看成一个二分类问题，用分类算法的角度去解决。1980 年数据挖掘研究兴起，神经网络和支持向量机等开始被应用到贷款违约预测中来[74]。基于神经网络的研究有 Davis 等在 1992 年通过实验对神经网络和其他数据挖掘算法进行了比较，发现神经网络在非结构化数据表现更加优秀[75]；1994 年 Rosenberg 等提出了神经网络在个人信用评分的使用[76]；1996 年 Desai 等基于神经网络和遗传算法，研究了对信用卡申请人进行信用评分的效果[77]。总结以上研究，神经网络具有一些优点：①建模过程可并行化；②能够拟合非线性数据；③具有自适应的特点，拟合能力强。当然，也有一些缺点：①算法容易对数据过拟合，并且有冷启动的问题；②最后结果模型的可解释性较差；③建模时间长，并可能最终为局部最优值导致训练失败。

近几年来，有学者开始采用基于支持向量机的贷款违约预测的研究，如 2007 年 Yang 推出了基于 KGPF 核的 SVM 算法，该算法在特征较多的贷款预测数据中体现了优异的鲁棒性[78]。2009 年 Bellotti 等针对大型信用卡数据库的数据测试了支持向量机与传统方法的表现，发现 SVM 具有竞争力并且可以用作一个特征选择方法去发现那些交易过程时间序列异常、空间序列异常以及突发交易异常等显著特征[79]。虽然 SVM 在各个方面体现了其优异的性能，但是 SVM 也有一些缺点：①SVM 算法复杂度高，当建模数据量较大时运行效率低；②SVM 在遇到非平衡数据时模型的性能下降；③SVM 在运行前期要挑选恰当的核函数，否则得不到理想的效果。

6.2 基于 CNN 的贷款违约预测

除了这些常见的数据挖掘模型，近来有研究人员进行了一些基于混合模型的信用评分研究。这种混合模型的思想是组合两种或者多种数据挖掘算法，使得各算法扬长避短。文献[80]比较分析了 SVM 与遗传算法、神经网络和决策树等传统算法进行混合建模的结果，文章表明 SVM 算法与遗传算法的混合模型在 UCI 数据集的测试中获得最好的结果。文献[81]分析了判别分析和神经网络的混合模型在信用数据下的表现情况，实验显示其模型效果比传统的判别分析模型好。

与混合模型组合了多种算法不同，集成学习的思想是把同种学习算法组合起来，变成较强的学习算法，如随机森林和梯度提升迭代决策树等。基于集成学习进行信用评分研究的有：Fantazzini 等基于随机森林算法研究了企业的信用评分[82]；2005 年 West 等基于 Bagging 和 Boosting 的思想，用人工神经网络作为学习器搭建了集成学习算法，实验结果比 Bagging 和 Boosting 表现更加优异[83]；2011 年 Finlay 提出了基于 Boosting 集成学习算法的信用风险评估，结果显示比其他集成算法如 AdaBoost 和 Bagging 拟合效果更好[84]。国内在这方面研究主要有：2006 年叶强等基于遗传算法组合了集成学习器算法，并应用于贷款违约预约，实验结果比单分类器更好[85]；2011 年杨海江等推出了基于改良 Ada Boost 算法的信用评分模型，实验结果表明该算法减少了分类错误情况的发生[86]。本章使用卷积神经网络对信用贷款记录进行特征抽取和违约预测，通过衍生出来的多个 CNN 模型，对信用贷款情况进行评分，最后用一个融合评分模型得出违约风险评价。通过进一步的实验分析可以发现，基于 CNN 的贷款违约预测具有较好的精度和快速的预测能力。

6.3 基于评分融合的卷积神经网络的贷款违约预测

6.3.1 网络结构

本章构造了一个用于进行贷款违约预测的传统四层卷积神经网络，称为模型 M0，如图 6-1 所示。M0 由 4 个卷积层、2 个全连接层、1 个 Softmax 层构成。模型的输入大小为 64×64，通道数为 1。模型的输出为类概率分布向量，将概率最大的类别作为最终的分类结果。

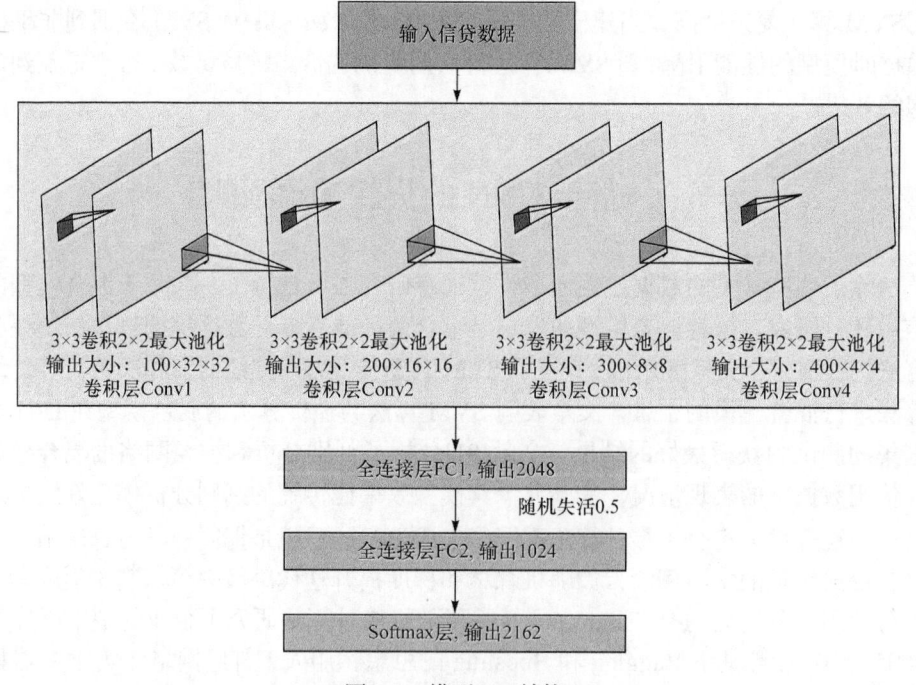

图 6-1 模型 M0 结构

本章使用符号化语言对卷积神经网络模型进行描述，其中，Conv 表示卷积层，MP 表示最大池化层，Drop 表示随机失活（Dropout）层，Softmax 表示 Softmax 层，FC 表示全连接层。例如，Conv（3×3, 64, S2, P1）表示大小为 3×3，步长为 2，填充为 1，输出通道数位 64 的卷积层。默认情况下 Conv 的步长为 1，填充为

1，这里主要是为了使得卷积前后特征矩阵大小相等。而 MP 在默认情况下大小为 2×2，步长为 1，填充为 0，此时特征矩阵大小变为前一层的 1/4。对于模型 M0 而言，其符号化描述语言则为 Input(64×64×1)-Conv(3×3, 100)-MP-Conv(3×3, 200)-MP-Conv(3×3, 300)-MP-Conv(3×3, 400)-MP-FC(2048)-Drop(0.5)-FC(1024)-Softmax(2162)。

本文以模型 M0 为基础，分别在其各卷积层的前方再额外添加一个 3×3 的卷积层，得到了 4 个模型：M1，M2，M3，M4。并同时在所有卷积层的前方添加一个 3×3 的卷积层，得到模型 M5。所有模型的符号化描述如表 6-1 所示。M1 在第一个卷积层前添加了一个通道数为 50 的卷积层；M2 在第二个卷积层前添加了一个通道数为 150 的卷积层；M3 在第三个卷积层前添加了一个通道数为 250 的卷积层；M4 在第四个卷积层前添加了一个通道数为 350 的卷积层；而 M5 则将 M1~M4 所有的操作都应用到模型 M0 上，如图 6-2 所示。

表 6-1 模型符号描述

模型	符号描述
M0	Input(64×64×1)-Conv(3×3, 100)-MP-Conv(3×3, 200)-MP-Conv(3×3, 300)-MP-Conv(3×3, 400)-MP-FC(2048)-Drop(0.5)-FC(1024)-Softmax(2162)
M1	Input(64×64×1)-Conv(3×3,50)-Conv(3×3,100)-MP-Conv(3×3,200)-MP-Conv(3×3,300)-MP-Conv(3×3, 400)-MP-FC(2048)-Drop(0.5)-FC(1024)-Softmax(2162)
M2	Input(64×64×1)-Conv(3×3, 100)-Conv(3×3, 150)-Conv(3×3, 200)-MP-Conv(3×3, 300)-MP-Conv(3×3, 400)-MP-FC(2048)-Drop(0.5)-FC(1024)-Softmax(2162)
M3	Input(64×64×1)-Conv(3×3, 100)-MP-Conv(3×3, 200)-MP-Conv(3×3, 250)-Conv(3×3, 300)-MP-Conv(3×3, 400)-MP-FC(2048)-Drop(0.5)-FC(1024)-Softmax(2162)
M4	Input(64×64×1)-Conv(3×3, 100)-MP-Conv(3×3, 200)-MP-Conv(3×3, 300)-MP-Conv(3×3, 350)-Conv(3×3, 400)-MP-FC(2048)-Drop(0.5)-FC(1024)-Softmax(2162)
M5	Input(64×64×1)-Conv(3×3, 50)-Conv(3×3, 100)-MP-Conv(3×3, 150)-Conv(3×3, 200)-MP-Conv(3×3, 250)-Conv(3×3, 300)-MP-Conv(3×3, 350)-Conv(3×3, 400)-MP-FC(2048)-Drop(0.5)-FC(1024)-Softmax(2162)

以模型 M5 为例，其结构如图 6-2 所示，网络由 4 个大卷积层、2 个全连接层、1 个 softmax 层构成，并对除 Softmax 的其他层的输出使用 ReLU 函数进行激活。其中，每个大卷积层由两个连续的 3×3 卷积层以及一个 2×2 最大池化层（max pooling）构成，卷积核的输出通道数以 50 为基数进行递增。

具体来说，对于第一个大卷积层 Conv1，其由卷积层 Conv1_1，Conv1_2，池化层 Pool1 构成，其通道数分别为 50，100，100，该层的输出为 100 张大小为 32×32 的特征图，卷积层 Conv1_1，Conv1_2 的参数数目分别为 4k，405k，整个卷积层 Conv1 的参数数目为 409k。

对于第二个大卷积层 Conv2，其由卷积层 Conv2_1，Conv2_2，池化层 Pool2

构成，其通道数分别为 150，200，200，该层的输出为 200 张大小为 16×16 的特征图，卷积层 Conv2_1，Conv2_2 的参数数目分别为 1215k，2430k，整个卷积层 Conv2 的参数数目为 3645k。

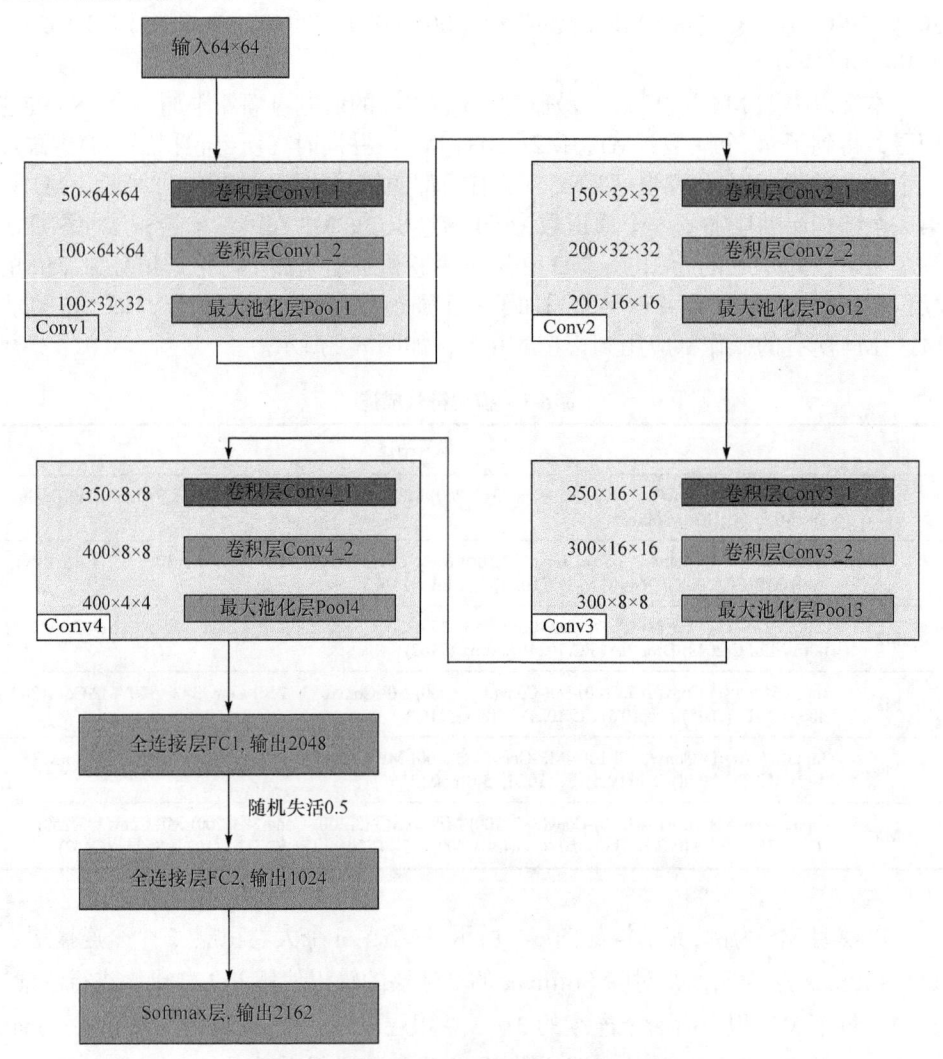

```
输入64×64
         │
    ┌────┴────┐
    ▼         ▼
┌─────────────────────┐    ┌─────────────────────┐
│ 50×64×64  卷积层Conv1_1 │    │ 150×32×32 卷积层Conv2_1 │
│ 100×64×64 卷积层Conv1_2 │    │ 200×32×32 卷积层Conv2_2 │
│ 100×32×32 最大池化层Pool1│    │ 200×16×16 最大池化层Pool2│
│ Conv1                │    │ Conv2                │
└─────────────────────┘    └─────────────────────┘
         │                          │
    ┌────┴─────┐                    │
    ▼          ▼                    ▼
┌─────────────────────┐    ┌─────────────────────┐
│ 350×8×8   卷积层Conv4_1 │    │ 250×16×16 卷积层Conv3_1 │
│ 400×8×8   卷积层Conv4_2 │    │ 300×16×16 卷积层Conv3_2 │
│ 400×4×4   最大池化层Pool4│    │ 300×8×8   最大池化层Pool3│
│ Conv4                │    │ Conv3                │
└─────────────────────┘    └─────────────────────┘
         │
         ▼
   全连接层FC1，输出2048
         │
      随机失活0.5
         ▼
   全连接层FC2，输出1024
         │
         ▼
   Softmax层，输出2162
```

图 6-2 模型 M5：黑色为额外添加的卷积层

对于第三个大卷积层 Conv3，其由卷积层 Conv3_1，Conv3_2，池化层 Pool3 构成，其通道数分别为 250，300，300；该层的输出为 300 张大小为 8×8 的特征图，卷积层 Conv3_1，Conv3_2 的参数数目分别为 4050k，6075k，整个卷积层 Conv3 的参数数目为 10125k。

对于第四个大卷积层 Conv4，其由卷积层 Conv4_1，Conv4_2，池化层 Pool4

构成，其通道数分别为 350，400，400，该层的输出为 400 张大小为 4×4 的特征图，卷积层 Conv4_1，Conv4_2 的参数数目分别为 8505k，11340k，整个卷积层 Conv1 的参数数目为 19845k。

而对于全连接层与 Softmax 层而言，其参数分别为 13107k，2097k，2214k。其中，第一个全连接层的随机失活概率为 0.5。整个网络的参数共计约 51442k。

6.3.2 评分融合结构

在机器学习中，单个模型的表达能力往往是有限的，不同的模型对于同一个问题的解决能力也不尽相同，通过融合多个模型可以有效地提升模型的准确率。对于一个多分类任务而言，不同模型在不同类别上的识别率也并不一定相同，不同模型对于不同类别各有偏重。将不同模型作为弱分类器，为其分配不同的权重，并进行相加得到新的概率分布，这是一种有效地提高模型准确率的方法。这种方法依靠单一权重，假定模型对于所有类别的分类效果都是相同的。但在实际使用中，模型在不同类别上的分类效果并不一定相同，有着自己特有的偏好。在实际权重分配过程中，既要考虑不同模型对于局部类别识别的可信度，又要考虑模型对于整体的分类效果。

因此，本章将前述六个预训练后的模型 M0～M5 的 Softmax 层的输出概率进行连接形成新的特征，其大小为 2162×6=12972。随后使用两个全连接层进行特征压缩，其隐藏单元数分别为 7000 与 4000。全连接访问了 6 个模型输出的评分，并对其进行综合评估。最后使用一个 Softmax 层对所有贷款记录进行分类预测，对其进行标记，判断潜在的违约风险，这就构成了模型 M6，如图 6-3 所示。

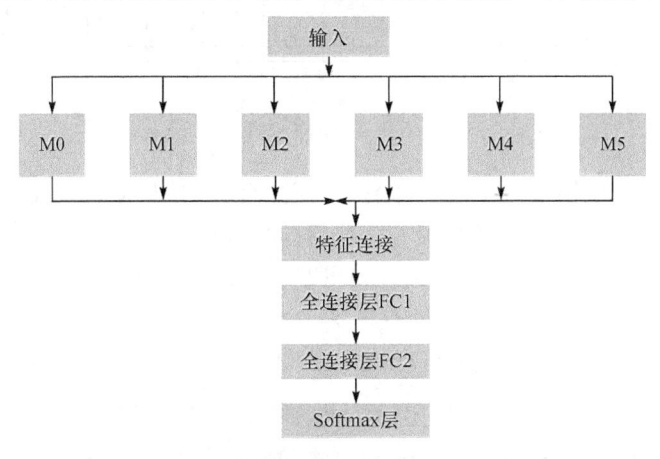

图 6-3 评分融合模型 M6 结构

6.3.3 模型训练

深度学习的模型训练往往需要耗费大量的时间与资源,为了使模型尽快收敛,减少资源占用,本章将模型的激活函数设置为 ReLU(rectified linear unit),优化算法选择为 Adam,并将初始学习率设置为 0.0001。同时对训练集进行了增量,扩大训练集容量,使模型能够更加充分的学习到图像中的特征。最后由于内存限制,为了能使训练过程正常进行,将 batch 的大小设置为 128。此外为了使模型能够顺利的收敛,本章为每一个卷积层都附加了一个标准批处理层。

(1)激活函数。

在神经网络中激活函数是必不可少的,其为整个神经网络带入了非线性,使得神经网络可以学习更复杂的数据模型,如图像、视频、音频等。没有激活函数的神经网络仅仅能够表达线性映射,即使有着多个隐藏层,整个网络和单层的神经网络是等价的。本节使用 ReLU 函数 max(0, x)作为网络激活函数。如图 6-4 所示为 sigmoid、tanh、ReLU 的函数形状。

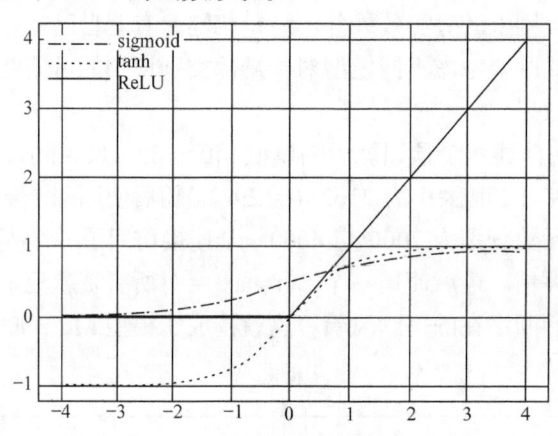

图 6-4 激活函数

sigmoid 是使用范围最广的一类激活函数 $f(x) = 1/(1+e^{-x})$,也是在物理意义上最为接近生物神经元的激活函数。该函数的值域为(0,1),其对称中心为 0.5。在实际使用中通常将该函数的输出作为概率表示,或者作为输入的归一化表示。其导数可以表示为 $f'(x) = f(x)(1-f(x))$。

但由于该函数具有软饱和性 $\lim_{x \to -\infty} f(x) = 0$, $\lim_{x \to +\infty} f(x) = 1$,其在未激活区域与饱和区域的梯度均为 0,在实际使用中易出现梯度弥散,导致权重更新缓慢,甚至无法更新的情况。一般情况下 sigmoid 函数在网络层数达到 5 层时,就会出现梯度弥散的现象。此外 sigmoid 函数的对称中心为 0.5,并非 0 均值输出,则 sigmoid 的导数恒大于等于 0,若对于 sigmoid($wx+b$)的输入 x 为正数,则 w 的梯度恒大于等于0。当然，这种情况可通过对批量数据求导进行改善。

tanh 函数 $f(x)=(1-\mathrm{e}^{-2x})/(1+\mathrm{e}^{-2x})$ 拥有着与 sigmoid 函数相似的形状，这也意味着其同样具有饱和性问题 $\lim_{x\to\infty}f(x)=-1,\lim_{x\to\infty}f(x)=1$。

相较于 sigmoid 与 tanh，ReLU 的计算量很小，仅仅是简单的线性计算，而 sigmoid 与 tanh 涉及到了指数运算。当输入为正的时候，ReLU 不存在饱和问题。Alex 在其文章中指出使用 ReLU 函数激活网络所消耗的时间仅为 tanh 函数的六分之一。

（2）优化算法。

在进行模型训练时，优化算法对于网络的训练效率有着至关重要的影响，一个好的优化算法可以节省大量的训练时间和资源。梯度下降算法是优化神经网络最流行的也是最常用的算法，几乎所有的深度学习库（TensorFlow, Pytorch, Caffe, Theano）都会包含梯度下降算法及其变种算法（SGD, RMSprop, AdaGrad, AdaDelta, Adam）的实现。本节使用 Adam 优化算法进行网络训练，并将学习率 α 设置为 10^{-4}。

传统的随机速度下降法（stochastic gradient descent，SGD）在训练中使用单一的学习率更新所有的参数，但相同的学习率对于不同的参数并不一定适用。如果训练数据集非常稀疏，则对于较少出现的特征应当使用更大的学习率。此外对于 SGD 算法，初始学习率的选择仍然是一件困难的事，常常依赖于经验与试错。网络的训练过程仍然需要耗费大量时间和资源。为了加快模型的收敛速度，减少资源消耗，Adam 算法应运而生。

Adam 算法拥有 4 个参数：α、β_1、β_2 以及 ε。其中，α 是学习率，默认为 0.001。β_1 为一阶矩估计指数衰减率，默认为 0.9。β_2 为二阶矩估计指数衰减率，默认为 0.999。ε 为添加到分母中的最小值，用于防止分母为 0，默认为 10^{-8}。Adam 算法的参数调整比较简单，默认的参数足以应对大部分的问题。其整个算法流程如下所示，在确定了初始参数 α、β_1、β_2 以及 ε 后，循环更新各个部分。在一次循环中，其首先将当前的步数 t 自增，随后计算并更新当前的梯度 g_t、一阶矩估计 m_t 和二阶矩估计 v_t。随后再计算修正后的一阶矩估计 $\hat{m}_t$ 和二阶矩估计 $\hat{v}_t$。最后使用 $\hat{m}_t$ 与 $\hat{v}_t$ 更新参数。整个算法流程如图 6-5 所示。

Require：步长 ε （建议默认为 0.001）

Require：矩估计的指数衰减速率，ρ_1 和 ρ_2 在区间 [0,1] 内。（建议默认分别为 0.9 和 0.999）

Require：用于数值稳定的小常数 δ （建议默认为 10^{-8}）

Require：初始参数 θ

  初始化一阶和二阶矩变量 $s=0,r=0$

  初始化时间步 $t=0$

While 没有达到停止准则 do

从训练集中采集包含 m 个样本 $\{x^{(1)},\cdots,x^{(m)}\}$ 的小批量，对应目标为 $y^{(i)}$

计算梯度：$g \leftarrow \dfrac{1}{m}\nabla_\theta \sum_i L(f(x^{(i)};\theta),y^{(i)})$

$t \leftarrow t+1$

更新有偏一阶矩估计：$s \leftarrow \rho_1 s + (1-\rho_1)g$

更新有偏二阶矩估计：$r \leftarrow \rho_2 r + (1-\rho_2)g \odot g$

修正一阶矩的偏差：$\hat{s} \leftarrow \dfrac{s}{1-\rho_1^t}$

修正二阶矩的偏差：$\hat{r} \leftarrow \dfrac{r}{1-\rho_2^t}$

计算更新：$\Delta\theta = -\varepsilon \dfrac{\hat{s}}{\sqrt{\hat{r}}+\delta}$ （逐元素应用操作）

应用更新：$\theta \leftarrow \theta + \Delta\theta$

End while

图 6-5 Adam 算法

相较于传统的梯度下降算法，Adam 算法具有许多优势：计算高效，方便实现，内存占用少；更新步长和梯度大小无关，只和 α、β_1、β_2 有关系，并且由它们决定步长的理论上限；能较好的处理噪音样本；能较好的处理稀疏梯度；对目标函数没有平稳要求；默认学习率不再像以前一样重要。

虽然对于 Adam 算法而言，初始学习率不再像以前一样重要，默认的学习率足以应对大多数的数据类型。但在增量后的数据集上其效果明显不是太好，如图 6-6 所示，当学习率为 0.001 时，损失函数基本无法收敛，而将学习率设置为 0.0001 时，损失函数开始下降。故而本节将 Adam 的初始学习率设置为 0.0001。

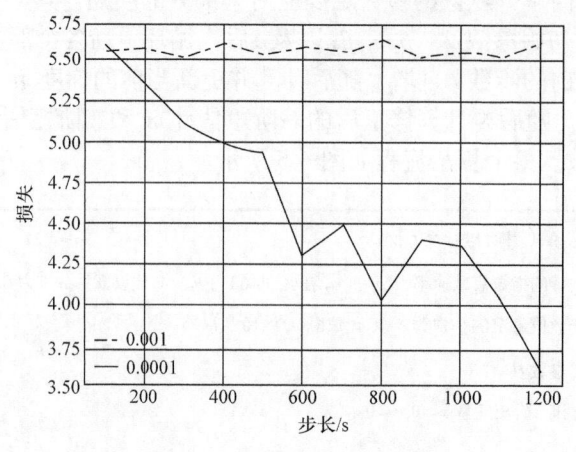

图 6-6 模型 M0 不同学习率下的损失函数

6.4 贷款违约预测框架

违约预测框架展示如图 6-7 所示，它是由训练和预测两部分组成。训练部分主要包括四个模块：数据整理，特征抽取，特征矩阵变换和基于 CNN 的训练过程（该部分采用 6.3.1 节的 M0~M5 模型，以及在此基础上衍生出来的模型 M6）。训练过程是离线的，预测过程是在线的。当一个新的信贷信息进入系统，预测部分可以迅速判断这个人是否存在违约风险。预测的检测过程是由数据整理、特征抽取和分类预测三部分组成。除此之外，为了将 CNN 模型应用到贷款违约预测场景中，我们需要将贷款数据转换为特征矩阵以适应这个模型。

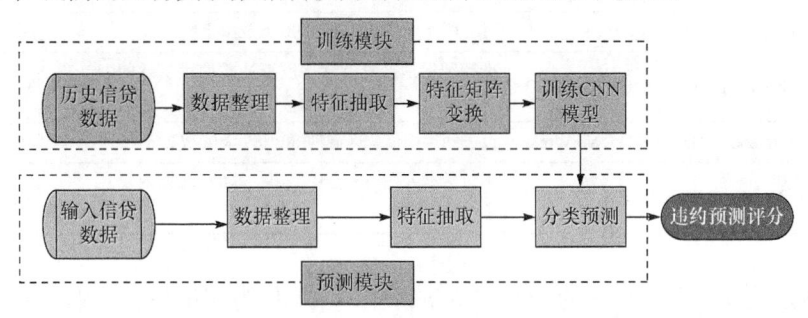

图 6-7 基于 CNN 的贷款违约预测流程

6.5 实验及分析

6.5.1 数据集

数据集来自于 Kaggle 数据科学竞赛平台的一个竞赛项目 "Give Me Some Cerdit"，该数据集共包含 250000 个样本，其中，150000 个样本作为训练集，100000 个样本用作测试集。该训练集共有 150000 条借款人的历史数据，其中，违约样本 10026 条，占样本总量的 6.684%，贷款违约率为 6.684%，未违约样本 139974 条，占样本总量的 93.316%。可以看出该数据集是一个典型的高度不平衡的数据。数据集中包括了借款人的年龄、收入、家庭和贷款情况等，共 11 个变量，其中，SeriousDlqin2yrs 是 label 标签，另外 10 个变量为预测特征。表 6-2 列出了变量名称及数据类型情况。

表 6-2　数据集变量情况

变量名	变量描述	类型
SeriousDlqin2yrs	是否违约	是/否
RevolvingUtilizationOfUnsecuredLines	信用卡和个人信用贷款的总额（不含房贷、类似车贷的分期付款等）除以授信额度之和	百分比
Age	借款人年龄	整数
NumberOfTime30-59DaysPastDueNotWorse	过去两年中借款人逾期 30～59 天的次数	整数
DebtRatio	每月债务偿还数、赡养费、生活成本等除以每月总收入	百分比
MonthlyIncome	月收入	实数
NumberOfOpenCreditLinesAndLoans	开放贷款（open loans，分期付款如车贷和抵押）和信用贷款（lines of credit，如信用卡）的数量	整数
NumberOfTimes90DaysLate	过去两年中借款人逾期 90 天及以上的次数	整数
NumberRealEstateLoansOrLines	抵押和房地产贷款含房屋抵押式信用贷款的次数	整数
NumberOfTime60-89DaysPastDueNotWorse	过去两年中借款人逾期 60～89 天的次数	整数
NumberOfDependents	不包括本人在内家庭中需要抚养的人（配偶及子女等）数	整数

本章选择原数据集中的 70%作为训练集，30%作为测试集，分别称为训练集 A，测试集 B（在测试集 B 中，先对数据进行归一化处理，然后用 PCA 方法进行特征维度的约减）。同时为了在训练过程中对模型进行快速评估，从测试集中选取了一个小批量数据作为验证集 C。

6.5.2　测试结果

本章使用训练集 A，对六个模型 M0～M5 进行了训练，并在验证集 C 与测试集 B 上进行了测试。如表 6-3 所示，模型在测试集 B 上的准确率远远高于训练集 A 的准确率，这表明本章使用的模型通过对信贷数据维度约减得到较好的特征表达，有利于提高检测精度。但在另一方面，在经过了足够多的训练次数后，训练集的准确率仍然没有超过 90%，这表明本章所使用的训练数据集可能存在某些难以判别的样本。

表 6-3　模型 M0～M5 准确率

数据集	M0	M1	M2	M3	M4	M5
A	82.22	89.59	85.99	85.58	85.03	81.38
B	90.75	92.84	91.98	91.28	90.97	90.06

此外，表 6-4 展示了不同模型迭代 100 次所消耗的时间，毫无疑问，模型 M0 所消耗的时间是最少的，仅为 23.72s。而模型 M5 所消耗时间最多达 56.34s。同

时随着插入卷积层位置的增高，参数也随之增多，相应需要的时间也开始急剧增加。但 M3、M4 与 M2 相比，却出现了时间减少的情况，这主要是由于随着层数的增加，抽取的特征矩阵尺寸缩小，其计算量也随之变小。如表 6-5 所示，与模型 M0 相比，模型 M2 增加的连接数量最多达到了 2.07×10^9，而模型 M3 与 M4 增加的连接数量却开始降低，其中，模型 M4 增加的连接数量最小仅为 0.65×10^9。

表 6-4　模型 M0~M5 迭代 100 次所消耗的时间　　（单位：s）

M0	M1	M2	M3	M4	M5
23.72	30.58	40.44	28.24	27.35	56.34

结合表 6-3 与表 6-4，可以得到最具有性价比的模型为 M1，其在仅带入了极少量计算量的同时，最大限度提高了模型性能。而模型 M5 显然是最得不偿失的选择，占用了几乎两倍于 M0 的计算时间却没有带来模型性能的提升，反而出现了下降。

表 6-5　模型 M1~M4 与 M0 相比连接数量增加

	M1	M2	M3	M4
卷积层	Conv1	Conv2	Conv3	Conv4
连接数量	1.64×10^9	2.07×10^9	1.34×10^9	0.65×10^9

通过进一步分析发现，在卷积层后再次进行卷积运算确实有助于模型性能的提升，但底层的效果远远高于高层，同时其在底层进行添加后的代价也是最小的（参数量偏小）。而高层添加卷积层往往效果不是特别明显，但又带来庞大的计算量（引入了大量的参数）。而模型 M5 在各个层都直接添加卷积的做法，显然在带入大量计算量的同时，引起了梯度弥散。

为了综合各个模型优势，实验采用了图 6-3 的模型 M6，以模型 M0~M5 的输出概率分布作为输入，在训练集 A 上进行训练，并在测试集 B 上进行了测试。其在测试集 B 上的准确率达到了 93.97%，在训练集 A 上的准确率也达到了 90.63%。

进一步实验分析了模型准确率的变化情况，图 6-8 所示为模型 M0~M6 在测试集上随着迭代次数增加的准确率变化，从图中可以看出模型 M5 明显劣于其他几个模型，其上升最慢，在第 12 个周期才达到最佳准确率 91.06%。模型 M0、M1 在第 8 个周期达到最佳准确率分别为 91.54% 和 92.84%，而模型 M6 则在第 7 个周期便达到了最佳准确率 93.97%。同时可以看到模型 M0、M1、M2、M6 上升速度较为接近，同时模型 M6 在第 7 个周期开始达到相对平稳的状态，相比于其他模型更早达到平稳状态。总体而言，模型 M6 优于其他模型，这正是 M6 对其他几个模型的输出神经元进行重新编码优化的结果。

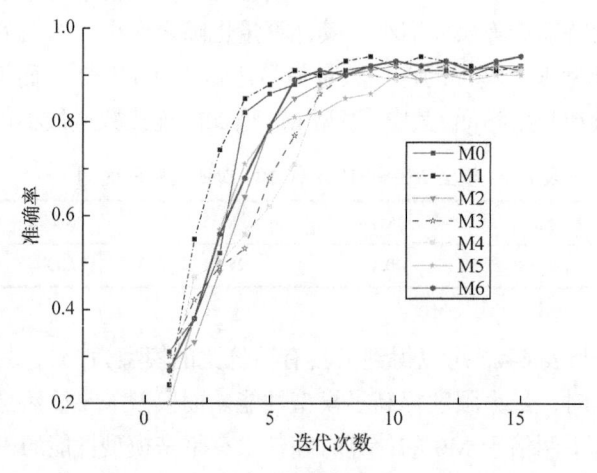

图 6-8　模型 M0～M6 在测试集 B 上的准确率变化

6.5.3　特征重要性度量

为了进一步分析每个属性变量对预测结果的重要程度，采用了数理统计学中的多元回归方法，计算复相关系数来确定权数，复相关系数越大，所赋的权数越大。计算每项指标与其他指标的复相关系数，计算公式为

$$R=\frac{\sum(y-\overline{y})(\hat{y}-\overline{y})}{\sqrt{\sum(y-\overline{y})^2\sum(\hat{y}-\overline{y})^2}}$$

R 越大，重复信息越多，权重应越小。取复相关系数的倒数作为得分，再经归一化处理得权重系数，如表 6-6 所示。

表 6-6　变量重要性

变量	特征权重
Age	0.346238
DebtRatio	0.160798
NumberRealEstateLoansOrLines	0.158456
NumberOfDependents	0.079846
NumberOfTime30-59DaysPastDueNotWorse	0.069900
MonthlyIncome	0.060894
NumberOfOpenCreditLinesAndLoans	0.047817

续表

变量	特征权重
NumberOfTimes90DaysLate	0.041427
NumberOfTime60-89DaysPastDueNotWorse	0.022857
RevolvingUtilizationOfUnsecuredLines	0.011767

由上表可以看出，借贷人的年龄、负债率、不动产和抵押贷款数目这三个特征的重要性程度在前三，对最终是否违约影响较大，因此在处理贷款申请时，可以特别关注借贷人的这些特征。

6.6 本章小结

本章把深度学习中的卷积神经网络用于贷款违约的预测，建立了基于 CNN 的贷款预测框架，并在传统的 CNN 基础上演绎出了 M0，M1，M2，M3，M4，M5 模型，然后用 M0～M5 的输出进行自编码得到评分融合模型 M6。实验表明，本章采用的模型 M6 具有较好的预判精度，能够为贷款分析与决策提供重要支持。

第7章 基于决策树及情感辅助的股票预测

在行为金融理论中，非理性投资者的行为和情感对股市的走势会产生较大的影响，从而使股价虚高或者虚低。这也是我国股市的一大特色。通常，人们迫切需要了解股市的周期以及涨跌趋势，因此从每天庞大的股市交易数据中寻找规律然后对股票的走势进行分析以及预测[87]。并不是所有人都是专业的股票从业人士，并不能时时刻刻地盯着的股票软件进行操作，人们对股票的操作往往都有一定的滞后性[88]。本章正是鉴于此，利用5日均线、10日均线、异同移动平均线（moving average convergence/divergence, MACD）指标、交易量指标、KDJ指标这五个指标构建了一个对日均线以及股价走势的预测决策树模型，同时利用网络爬虫抓取股吧评论，构建情绪指标，使用将技术指标以及情绪指标结合的方法对股市的走势有一个比较准确的判断。

首先利用网络爬虫抓取股票评论吧的评论数据，由于数据量巨大，在抓取过程中将无关紧要的数据进行剔除，得到评论的原数据。然后将目前使用较为频繁的分词器和特征提取方法进行组合来对评论数据进行分类，比较它们的分类效果，从中选取最好的组合对评论数据进行最终的分类整合，得到当天的情绪指标。接着根据股市的5日均线、10日均线、MACD、成交量、KDJ这五个指标构建决策树模型，依靠决策树模型得到股市预测的初始结果。最后在无法通过决策树模型得到准确判断的情况下将初始结果与情绪指标相结合得到最终的预测结果。希望可以借助这种以股票技术指标为基础加上股民情绪分析为辅助的方法能够较为准确地对股市走势进行预测。

7.1 决策树理论与股指数据获取

7.1.1 股票指标

本章中涉及的股票指标有最高价、最低价、收盘价、5日均线、10日均线、指数移动平均线（exponential moving average, EMA）、MACD、成交量、KDJ指标，下面依次对这些指标的含义以及计算方法做详细的解释。

最高价：当天或者几天中股票成交的不同价格中最高的成交价格。

最低价：当天或者几天中股票成交的不同价格中最低的成交价格。

收盘价：股市结束时的价格，沪市收盘价为当日该证券最后一笔交易前一分钟所有交易的成交量加权平均价（含最后一笔交易）。当日无成交的，以前收盘价为当日收盘价。深市的收盘价通过集合竞价的方式产生。收盘集合竞价不能产生收盘价的，以当日该证券最后一笔交易前一分钟所有交易的成交量加权平均价（含最后一笔交易）为收盘价。当日无成交的，以前一日收盘价为当日收盘价。

5日均线：5日移动平均线指标的简称，实质就是每天股票的收盘价以及前4天的收盘价的算术平均值连接起来的实线，是反映股市运行趋势的重要指标。每日的5日均线值计算公式如下：

$$\mathrm{MA}(5) = (C_1 + C_2 + C_3 + C_4 + C_5)/5 \qquad (7\text{-}1)$$

其中，C_n 为第 n 日收盘价，如 C_1 为第 1 日收盘价。

10日均线：10日移动平均线指标的简称，实质就是每天股票的收盘价以及前9天的收盘价的算术平均值连接起来的实线，是反映股市运行趋势的重要指标。每日的10日均线值计算公式如下：

$$\mathrm{MA}(10) = (C_1 + C_2 + C_3 + C_4 + C_5 + C_6 + C_7 + C_8 + C_9 + C_{10})/10 \qquad (7\text{-}2)$$

EMA：是指数移动平均线，简称指数平均线。EMA 也是一种趋向类指标，这里采用指数式递减加权的移动平均作为指标。在炒股软件中，该指标的数值多用曲线表示，所以称为指数移动平均线。其基本计算公式为

$$\mathrm{EMA}(n) = a \cdot C_n + (1-a) \cdot \mathrm{EMA}(n-1) \qquad (7\text{-}3)$$

其中，EMA（n）为第 n 日 EMA；a 为平滑系数，设定值为（2/n+1）；C_n 为第 n 日收盘价；EMA（n–1）为第 n–1 日 EMA。

MACD 指标：即异同移动平均线，是从双指数移动平均线发展而来的，意义与双移动平均线基本相同，即由快慢均线的离散、聚合表征当前的多空状态和股价可能的发展变化趋势，相较于双移动平均线阅读起来更加方便。详细计算方法如下（快速移动平均线 EMA1 参数为 12 日，慢速移动平均线 EMA2 参数为 26 日，离差值（differential value, DIF）的参数为 9 日）。

①计算移动平均值，快速移动平均线 EMA1 的计算公式即式（7-4），慢速移动平均线的计算公式即式（7-5）：

$$\mathrm{EMA}(12) = \mathrm{EMA}_p(12) \cdot 11/13 + S_n \cdot 12/13 \qquad (7\text{-}4)$$

$$\mathrm{EMA}(26) = \mathrm{EMA}_p(26) \cdot 25/27 + S_n \cdot 26/27 \qquad (7\text{-}5)$$

其中，EMA_p（12）为前一日的 EMA（12），EMA_p（26）为前一日的 EMA（26），S_n 为今日的收盘价。

②计算离差值（DIF）：

$$\mathrm{DIF} = \mathrm{EMA}(12) - \mathrm{EMA}(26) \qquad (7\text{-}6)$$

③计算 DIF 的 9 日 EMA，即离差平均值（deviation average，DEA）：

$$DEA = DEA_p \cdot 8/10 + DIF_n \cdot 2/10 \tag{7-7}$$

其中，DEA_p 为前一日的 DEA，DIF_n 为今日的 DIF。

④得到 MACD 柱形数值：

$$MACD = (DIF - DEA) \cdot 2 \tag{7-8}$$

成交量：股票买卖双方达成交易的数量，是单边的，而计算交易量则双边计算，如买方十万股加卖方十万股，计为二十万股。

KDJ 指标：KDJ 指标又叫随机指标，是一种相当新颖、实用的技术分析指标，它起先用于期货市场的分析，后被广泛用于股市的中短期趋势分析，是期货和股票市场上最常用的技术分析工具。随机指标 KDJ 一般是用于股票分析的统计体系，根据统计学原理，通过一个特定的周期（常为 9 日、9 周等）内出现过的最高价、最低价和最后一个计算周期的收盘价及这三者之间的比例关系，来计算最后一个计算周期的未成熟随机值（row stochastic value，RSV），然后根据平滑移动平均线的方法来计算 K 值、D 值与 J 值，并绘成曲线图来研判股票走势。这里主要运用 K 值，以下为计算方法（n 为 9）。

①首先要计算周期（n 日、n 周等）的 RSV 值，即未成熟随机指标值，然后再计算 K 值：

$$RSV_n = (C_n = L_n)/(H_n - L_n) \cdot 100 \tag{7-9}$$

式中，C_n 为第 n 日收盘价；L_n 为 n 日内的最低价；H_n 为 n 日内的最高价。

②计算 K 值，当日 K 值=2/3×前一日 K 值+1/3×当日 RSV：

$$K = 2/3 \cdot k_p + 1/3 \cdot RSV \tag{7-10}$$

其中，k_p 表示前一日的 K 值，RSV 表示当日的 RSV，若无前一日 K 值可用 50 来代替。

7.1.2 分词处理与特征提取

通过网络爬虫得到的网评数据往往都是一句话或者一段话，想要以整句话的形式去判断十分困难。因此对于文本问题首先要解决的就是分词，然后从文本中选取一些关键词作为其特征项，用特征项作为文本的替代者更能简化判断。在准确获取分词的基础上，特征提取是计算文档中分词关联性的重要环节[89]。

基于文档出现的频率（document frequency，DF）主要实现方法是首先计算出每个词汇在文档中出现的频率（次数），然后设定一个阈值，如果统计得到的频率大于设定的阈值则作为一个特征项被选出，否则舍弃。

TF-IDF（term frequency-inverse document frequency）是一种用于资讯检索与资讯探勘的常用加权技术，TF-IDF 的主要思想是：如果某个词或短语在一篇文章中出现的频率 TF 高，并且在其他文章中很少出现，则认为此词或者短语具有很好的类别区分能力，适合用来分类。TF-IDF 实际上是 TF+IDF，TF 是词频（term frequency），IDF 是反文档频率（inverse document frequency）。TF 表示词条在文档 d 中出现的频率。IDF 的主要思想是：如果包含词条 t 的文档越少，也就是 n 越小，IDF 越大，则说明词条 t 具有很好的类别区分能力。如果某一类文档 C 中包含词条 t 的文档数为 m，而其他类包含 t 的文档总数为 k，显然所有包含 t 的文档数 $n = m+k$，当 m 大的时候，n 也大，按照 IDF 公式得到的 IDF 的值会小，就说明该词条 t 类别区分能力不强。但是实际上，如果一个词条在一个类的文档中频繁出现，则说明该词条能够很好代表这个类的文本特征，这样的词条应该给它们赋予较高的权重，并选来作为该类文本的特征词以区别于其他类文档。TF 计算方式如下：

$$\mathrm{tf}_{i,j} = \frac{n_{i,j}}{\sum_k n_{k,j}} \qquad (7\text{-}11)$$

式中，$n_{i,j}$ 是该词在文件中的出现次数，而分母则是在文件中所有字词的出现次数之和。IDF 计算方式如下：

$$\mathrm{idf}_i = \log \frac{|D|}{|\{j:t_i \in d_j\}|} \qquad (7\text{-}12)$$

其中，$|D|$ 为语料库中的文件总数，$|\{j:t_i \in d_j\}|$ 为包含词语 t_i 的文件数目（即 $n_{i,j} \neq 0$ 的文件数目），如果该词语不在语料库中，就会导致被除数为零，因此一般情况下使用 $1+|\{j:t_i \in d_j\}|$。最后相乘即可得到

$$\mathrm{tfidf}_{i,j} = \mathrm{tf}_{i,j} \cdot \mathrm{idf}_i \qquad (7\text{-}13)$$

信息增益是一种传统的特征选择方法，定义为一个特征能够为分类系统带来多少信息，带来的信息越多，说明该特征越重要，相应的信息增益也就越大。熵表示随机变量的不确定性，条件熵表示在一个条件下，随机变量的不确定性，信息增益等于熵-条件熵：

$$\begin{aligned} IG(T) &= H(C) - H(C|T) \\ &= -\sum_{i=1}^{n} P(C_i) \log_2 P(C_i) + P(t) \sum_{i=1}^{n} P(C_i|t) \log_2 P(C_i|t) \\ &\quad + P(\bar{t}) \sum_{i=1}^{n} P(C_i|\bar{t}) \log_2 P(C_i|\bar{t}) \end{aligned} \qquad (7\text{-}14)$$

这里假设有 K 类数据（$C_1, C_2, C_3, \cdots, C_k$），每类出现的概率是 $P(C_1), P(C_2), \cdots, P(C_k)$。$H(C)$ 表示 C 类的熵；$H(C|T)$ 表示条件熵；$P(C_i)$ 表示类别 C_i 出现的概率；$P(t)$ 就是特征 T 出现的概率；$P(C_i|t)$ 表示出现 T 的时候类别 C_i 出现的概率。

7.1.3 决策树理论

1. 决策树

决策树是一种简单且广泛使用的分类器[90]。通过训练数据构建决策树，可以高效地对未知的数据进行分类。决策树可读性好，具有可描述性，有助于人工分析；同时，决策树效率高，只需要构建一次，便可以反复使用。决策树构建的基本步骤如下。

（1）模型开始，所有记录看作一个节点。

（2）遍历每个变量的每一种分割方式，找到最好的分割点。

（3）分割成两个节点 N1 和 N2。

（4）对 N1 和 N2 重复执行（2）、（3）两个步骤，直到出现下列条件时停止：

①给定节点的所有样本属于同一类；

②没有剩余属性可以用来进一步划分样本；

③如果某一分支没有满足该分支中已有分类的样本。

简单来说一个分割点可以将当前的所有节点分为两类，同一类的记录较多，那么就是一个好分割点。构建决策树采用贪心算法，只考虑差度最大的情况作为分割点[90]。

这里我们用"纯度"来表示之前所形容的用于表示分割点好坏的指标。常用的量化纯度的方法有三种，分别如下所示（在这里记录被分为 n 类，每一类的比例记为 $P(i)$ 即第 i 类的数目/总数目）。

（1）Gini 不纯度：

$$\text{Gini} = 1 - \sum_{i=1}^{n} P(i)^2 \quad (7-15)$$

（2）熵：

$$\text{Entropy} = -\sum_{i=1}^{n} P(i) \cdot \log_2 P(i) \quad (7-16)$$

（3）错误率：

$$\text{Error} = 1 - \max\{P(i) | i \in [1, n]\} \quad (7-17)$$

以上三个指标值越大，表示越"不纯"，越小表示越"纯"。

2. 过度拟合

决策树在事件中往往会导致过度拟合。也就是该决策树对训练数据可以得到很低的错误率，但是运用到测试数据上却得到非常高的错误率。过度拟合的原因有以下几点。

（1）噪音数据：训练数据中存在噪音数据，决策树的某些节点有噪音数据作为分割标准，导致决策树无法代表真实数据。

（2）缺少代表性数据：训练数据没有包含所有具有代表性的数据，导致某一类数据无法很好的匹配，这一点可以通过观察混淆矩阵（confusion matrix）分析得出。

（3）多重比较：举个列子，股票分析师预测股票涨或跌，假设分析师都是靠随机猜测，也就是他们正确的概率是 0.5；每一个人预测 10 次，那么预测正确的次数在 8 次或 8 次以上的概率为 0.0547，只有 5% 左右，比较低；但是如果 50 个分析师，每个人预测 10 次，选择至少一个人得到 8 次或以上的人作为代表，那么概率为 0.9399，概率十分大，随着分析师人数的增加，概率无限接近 1；但是，选出来的分析师不一定正确，他对未来的预测不能做任何保证。上面这个例子就是多重比较。这一情况和决策树选取分割点类似，需要在每个变量的每一个值中选取一个作为分割的代表，所以选出一个噪音分割标准的概率是很大的。

3. 优化方案：修剪枝叶

决策树过度拟合往往是因为太过"茂盛"，也就是节点过多，所以需要裁剪枝叶。裁剪枝叶的策略对决策树正确率的影响很大。主要有两种裁剪策略。

（1）前置裁剪：在构建决策树的过程时，提前停止。

（2）后置裁剪：决策树构建好后才开始裁剪。采用两种方法：①用单一叶节点代替整个子树，叶节点的分类采用子树中最主要的分类；②将一个子树完全替代另外一颗子树。本章采取的就是后置裁剪法。

7.1.4 网络爬虫流程设计

1. 网络爬虫与数据存储的设计

网络爬虫的主要工作就是根据指定的 URL 地址去发送请求，获得响应，然后解析响应，一方面从响应中查找出想要查找的数据，另一方面从响应中解析出新的 URL 路径，然后继续访问，继续解析，继续查找需要的数据和继续解析出新的 URL 路径。本章主要借用 crawler4j 这种 java 实现的开源网络爬虫构造基本框架。选取的数据来源于东方财富网的股评数据，而东方财富网作为国内知名的股票网站，每日的浏览量巨大，据统计和了解 2015 年东方财富网股评总数达到 8502404 条，2016 年达到 11015978 条，2017 年更是超越了 2000 万条。在如此庞大的数据量下如果不对需要抓取的数据进行预筛选，那么得到的数据不仅太过庞大，同时也会得到许多无用的数据。此类帖虽然回复量及阅读量都很大，但是本质上却没有在谈论当前的股票，对我们分析投资者的情绪没有价值，因此需要在抓取时进行剔除，避免将其存入数据库。为此我们针对这个问题在传统的爬虫流程中加入了判断结点，而根据对数据的分析可以发现发布此类帖子的发帖人都比较固定，如财经评论、东方财富网、某某某咨询、资金解密等，所以在数据库中我们专门为此建立了剔除数据表，将此类发帖人的帖子进行了剔除，图 7-1 是爬虫的流程设计图。为了更好的筛选数据和保存数据，数据库存储字段如表 7-1 所示。

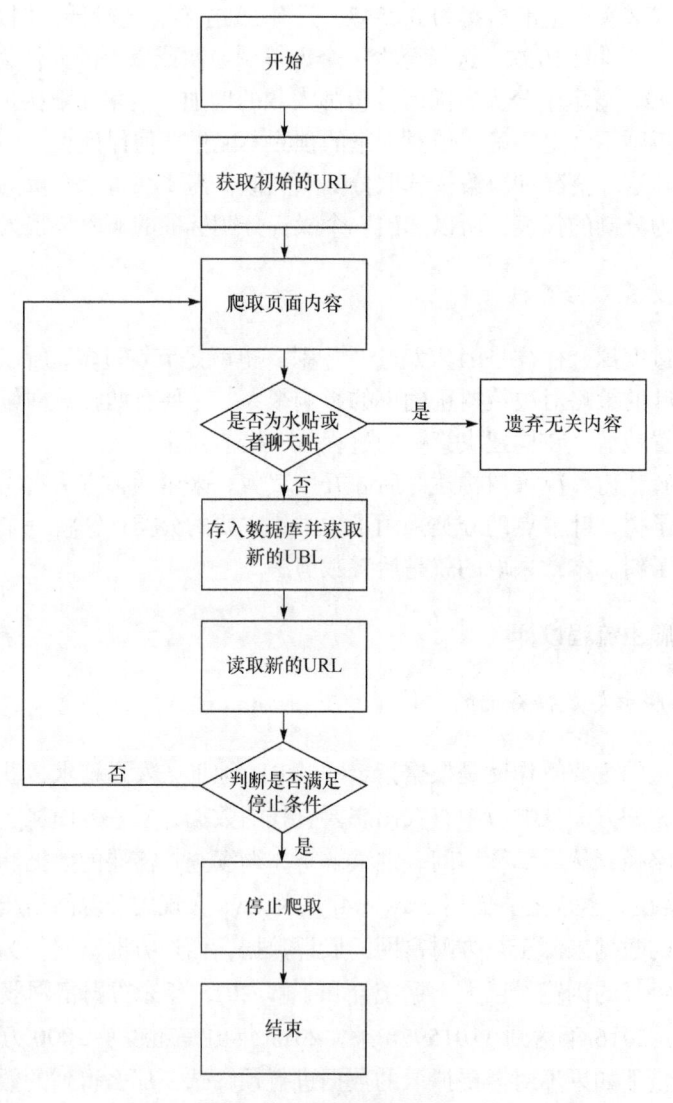

图 7-1 爬虫流程设计图

第7章 基于决策树及情感辅助的股票预测

表 7-1 爬虫数据库字段表

字段名	含义	备注
ID	主键，帖子 ID	唯一值，用于区分每一条数据
Shares_code	股票代码	每支股票对应的用于识别的代码
ClickNum	点击量	每个帖子的点击量
ReplyNum	回复量	每个帖子的回复量
Poster	发帖人	发帖人的昵称
Title	帖子标题	主帖的标题
Text	帖子正文	帖子的正文
Date	发帖时间	发帖的日期

2. 网络爬虫的实现

网络爬虫的主要遍历算法有两种：广度优先算法和深度优先算法。广度优先也叫宽度优先，是指将新下载网页发现的链接直接插入到待抓取 URL 队列的末尾，也就是指网络爬虫会先抓取起始页中的所有网页，然后在选择其中的一个链接网页，继续抓取在此网页中链接的所有网页；深度优先是指网络爬虫会从起始页开始，一个链接一个链接跟踪下去，处理完这条线路之后再转入下一个起始页，继续追踪链接。以图 7-2 为例，广度优先的爬取顺序为：A-B-C-D-E-F-G-H-I，而深度优先的爬取顺序为：A-B-D-E-I-C-F-G-H。

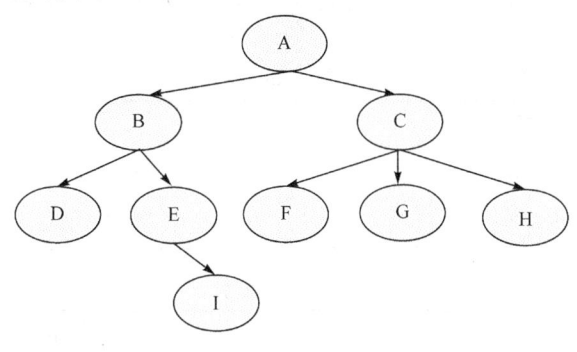

图 7-2 爬虫算法示意图

通常深度优先算法不全部保留结点，扩展完的结点会从 URL 访问表中删去，所以一般在数据库中存储的结点数就是深度值，整体占用的空间较少。而广度优先算法，一般需存储产生的所有结点，占用的存储空间要比深度优先搜索大得多。通过对东方财富网股吧网页结构进行研究后，我们得到了如图 7-3 所示的基本 URL 结构图。从图中我们可以看出整个基本 URL 结构宽度较大，主要是主帖往往在同一天会存在几十个甚至上百个，但 URL 之间的嵌套总数未超过三层，并且在进入最后一层也就是回复帖层的时候一般宽度（回复帖的数量）不会超过 10 个而且时常会出现无回帖的情况。考虑到空间占用的问题，这里我们主要使用深度优先算法对网页进行爬取。以图 7-3 为例，爬取的顺序为：指定股票的主URL-主帖 1 的 URL-回复帖 1-回复帖 2-主帖 2 的 URL-主帖 3 的 URL-回复帖 1-回复帖 2-......。

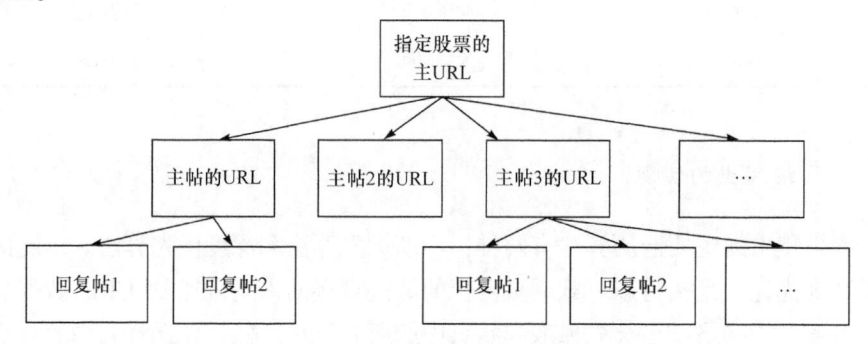

图 7-3　东方财富网 URL 结构图

根据上述设计以及算法的选择，我们将整个网络爬虫的实现部分主要分为 3 个包：link 包、page 包、util 包。link 包主要用于处理 URL，page 包用于发送请求并得到响应，util 包用于处理字符集等。具体包内类的设计见表 7-2～表 7-4。

表 7-2　link 包

类名	功能
Links	存储已经访问过的 url 路径和带防伪的 url 路径
LinkFilter	接口，起过滤作用

表 7-3　page 包

类名	功能
RequestAndResponseTool	发送请求，返回响应并把响应封装成 Page 类
Page	保存响应的相关内容并对外提供访问方法
PageParserTool	提供了选择器来选取元素、属性等方法

表 7-4 util 包

类名	功能
CharsetDetector	获取字符编码
FileTool	数据处理类
RegexRule	正则表达式类

通过观察东方财富网网页的源代码，我们发现对于主帖，除去一些如聚焦沪深港等机构的广告咨询外，属于股民的发帖内容与其标题基本一致，主要存储在网页<a>标签中，而其对应的下层也就是回复帖的 URL 则是存储在<a>标签的 href 属性里。不仅如此，发帖人、发帖时间等要素也按顺序紧贴着<a>标签。因此对于主帖，我们只需要集中找到并处理<a>标签即可。而对于回复帖，则相对于主帖较为复杂，发帖人、发帖时间、发帖内容分别存储于不同标签中，只有通过关键词来进行定位，如发帖时间对应 zwlitime、发帖内容对应 short_text 等。

图 7-4 为对<a>标签数据进行抓取后的部分数据展示，图 7-5 为存入数据库后的数据样本展示。

```
<a href="/news,cjpl,808045189.html" title="证监会：对今日市场表现不做评论">证监会：对今日市场表现不做评论</a>
<a href="http://iguba.eastmoney.com/9313013693864916" data-popper="9313013693864916" data-poptype="1" target="_blank">财经评论</a>
<a href="/news,cjpl,808129411.html" title="王受文：下一步中美经贸磋商的前景 我感觉是有希望的">王受文：下一步中美经贸磋商的前景 我感觉是有</a>
<a href="http://iguba.eastmoney.com/9313013693864916" data-popper="9313013693864916" data-poptype="1" target="_blank">财经评论</a>
<a href="/news,cjpl,808077197.html" title="证监会核发 2 家企业 IPO 批文">证监会核发 2 家企业 IPO 批文</a>
<a href="http://iguba.eastmoney.com/9313013693864916" data-popper="9313013693864916" data-poptype="1" target="_blank">财经评论</a>
<a href="/news,cjpl,808121823.html" title="全国人大财经委：房地产税法正抓紧完善草案">全国人大财经委：房地产税法正抓紧完善草案</a>
<a href="http://iguba.eastmoney.com/9313013693864916" data-popper="9313013693864916" data-poptype="1" target="_blank">财经评论</a>
```

图 7-4 <a>标签数据展示图

7.1.5 文本处理与情感分类

在获取股评数据之后，我们需要做的就是对所获取数据里的文本内容进行处理，让其变为比较容易处理的状态[91]。文本处理的基本步骤主要分为语句分词、去除停用词、特征提取，如图 7-6 所示。

图 7-5 存入数据展示图

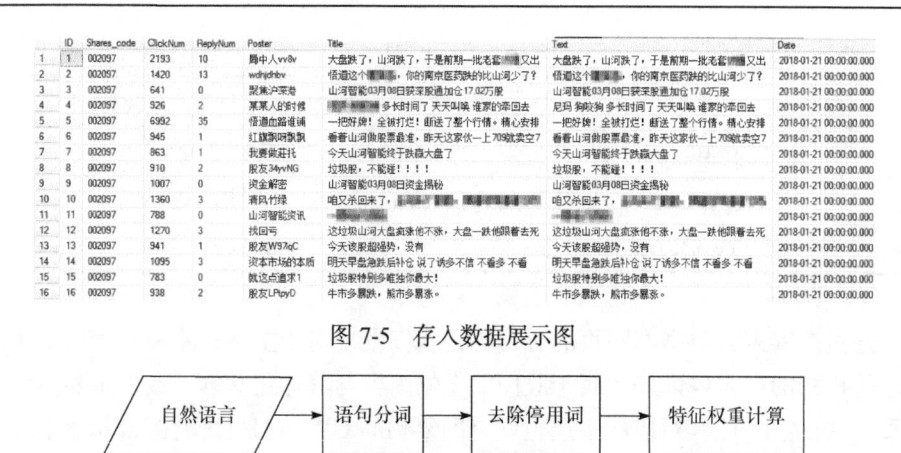

图 7-6 文本处理步骤

所谓停用词，主要是指在自然语言中的功能词和连接词，这些词语的使用十分频繁，比如"的""地""或""和"等，这些词语对于情感的表达并没有太大的作用，如果保留反而会造成 TF-IDF 算法以及信息增益算法的计算量增大，影响最后的结果，因此需要将这些词语在特征提取前进行剔除。由于这些词语本身比较固定，因此在研究中，我们建立一个停用词收集表，里面包括了标点符号、特殊符号、功能词、连接词和数字等。在语句分词之后我们会将得到的分词结果一一与该表中的数据进行对比，如果匹配则进行删除，否则保留该词[92]。而针对语句分词、特征提取这两个步骤，本章主要采取对比法来选取比较合适的工具盒，即将 Word 分词器、Stanford 分词器、Ansj 分词器、TF-IDF 算法以及信息增益算法相互组合去处理数据，之后再利用决策树算法对处理好的股评数据进行分类，观察分类结果，以分类结果的明显程度作为选取判断条件。图 7-7 为股评数据的分类决策树模型。我们在实验过程中发现有大量的所谓网络术语包含了明显的感情色彩，如"垃圾"等词语。如果用算法来进行判断容易变判定为影响小的词语从而对股评数据的分类产生影响，所以我们对此类词语也进行了收集，在算法无法对股评数据进行分类的时候我们会优先将分词之后的股评数据与收集的网络词汇进行匹配从而达到分类的目的。

基于数据量以及效率的考虑，实验中我们选取了 1000 条股票数据进行对比实验，表 7-5 为各个分词与算法组合并经过决策树分类得到的结果。

表 7-5 股评数据分类结果表

实验标号	Word+TF-IDF	Word+信息增益	Stanford+TF-IDF	Stanford+信息增益	Ansj+TF-IDF	Ansj+信息增益
看涨	39.20%	31.30%	31.20%	33.90%	38.60%	36.10%
中立	31.30%	34.00%	33.60%	34.70%	31.60%	31.20%
看跌	29.5%	35.70%	35.20%	31.40%	29.80%	32.70%

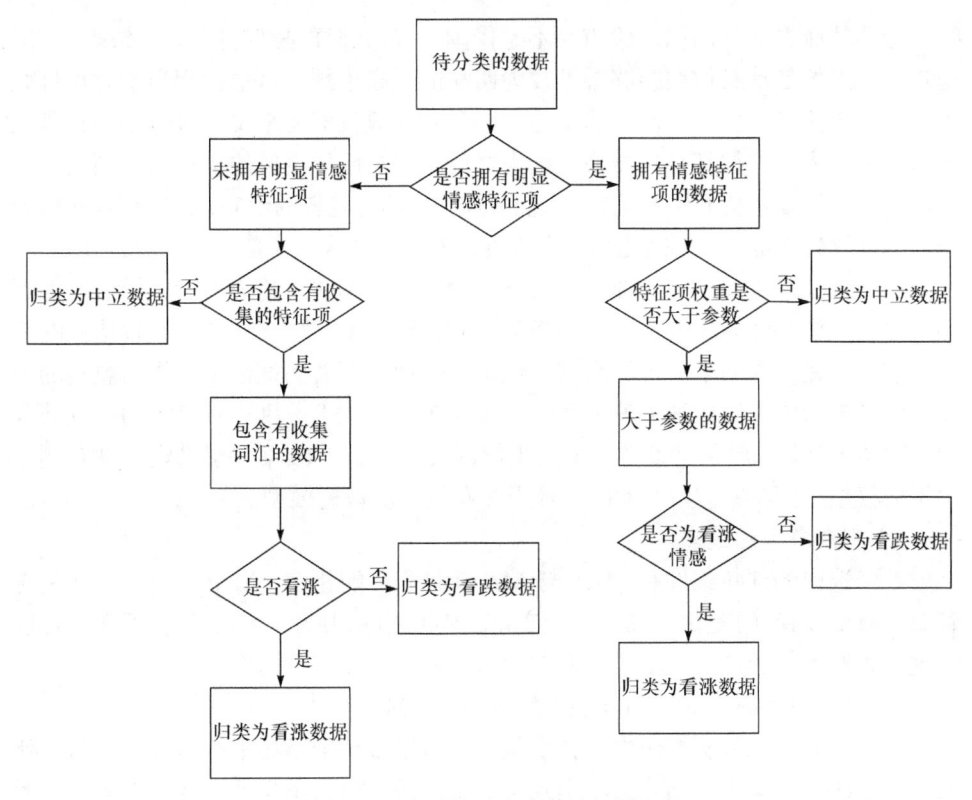

图 7-7 股评数据的分类决策树模型图

作为股评数据的情感分类组合，主要的目的就是区分情感[93]，也就是说如果最终的分类结果无法体现各个情绪的差距，各个情绪都在33%左右，那么这个分类组合的意义也就不大，就目前得到的数据来看 Word+TF-IDF、Ansj+TF-IDF、Ansj+信息增益这三个组合拥有比较明显的区分效果。当然为了验证所得到数据的准确性，我们单独对所提取到的 1000 条数据进行了人工判断，发现看涨数据共 391 条占总数的 39.1%，中立数据共 308 条占总数的 30.8%，看跌数据共 301 条占总数的 30.1%，与第一组合也就是 Word+TF-IDF 得到的数据最为相近。因此最终我们选取 Word+TF-IDF 组合为本次实验的文本处理组合。

7.2 股票预测模型

7.2.1 基于股市指标的决策树模型

决策树这个分类工具本身构建起来较为简易，易读性高，但是也存在缺点。以往国内外研究者都是采用支持向量机等需要训练的分类工具以求对每日股价进行准确的预测[94]。然而国内股市并不是像国外股市那样是纯粹的资金体现，在出现较为明显的变动时往往能够看见较为明显的庄家干预。这也就相当于对每日股价的精准预测多添加了一份不确定性。同时对一般投资者来说，时时刻刻盯盘是不可能的，人们往往都是在交易日结束之后再根据已经生成的指标进行判断，交易间隔往往在 1 天甚至几天以上。人们更加关注的是趋势的走向，只要能够在较为合理的价位买入卖出，期间能够产生收益，人们就会认为这是一次成功的投资[95]。所以本章正是基于此，在选择股市指标的时候尽量偏向了趋势指标，最后所得到的结果也主要是针对短暂几天的趋势的预测，即 5 日均线的走向。5 日均线的涨跌虽然不能完全等同于股价的涨跌，但是对普通投资者而言也足以作为盈利的手段。图 7-8 为构建的详细决策树模型，图 7-9～图 7-11 分别为图 7-8 的拆分截取图。图 7-9 为第一层判定条件左侧的决策树模型，图 7-10 第一层判定条件右侧的决策树模型，图 7-11 为 MACD 三日震荡右侧的决策树模型。

1）判断条件的选定

我们选取的判断条件有 MA5 与 MA10 是否可能相交、MA5 与 MACD 是否背离、MA5 斜率的变化、成交量的变化、KDJ 指标中 K 值的变化。下面解释选定这些判断条件的理由，以及他们在股市预测中可能起到的作用。

（1）5 日平均线（MA5）与 10 日平均线（MA10）是否可能相交。

在传统的技术分析方法中，特别是在股市以及黄金市场中有"金叉"与"死叉"的说法。金叉买入、死叉卖出几乎成了一条铁律，不少技术派人士的日常操作也均照此进行。金叉的定义是由 1 根时间短的均线在下方向上穿越时间长一点的均线，然后这 2 根均线方向均朝上，则此均线组合为"均线金叉"。金叉一般为买进信号，同时要结合均线系统的组合时间周期来判断是短线买卖还是中线波段买卖，特别需要注意的是均线交叉之后的 2 根均线的方向，如果不是一致朝上或者朝下的，那就是普通的均线交叉，而不是"金叉"。死叉的定义则正好相反，由 1 根时间短的均线在上方向上穿越时间长一点的均线，然后这 2 根均线方向均朝下，则此均线组合为"均线死叉"。死叉一般是卖出信号。在股票市场上成交量均线指标、均线金叉公式以及股票顺势指标（commodity channel index, CCI）的应用十分普遍。虽然不是每次均线相交都会迎来金叉或者死叉，但是均线相交往往是一波行情的起点或者终点，特别是在对趋势进行判断时，将均线相交的时点作为买入点和卖出点盈利的概率比其他时点要高出许多，也因此这个判断依据作为第一判定依据被选用。

（2）5 日平均线（MA5）与 MACD 是否背离。

MACD 是一个常用趋势指标，是对均线的表达进行了优化的一种指标。MACD 可自动定义出股价趋势的偏多或偏空，避免逆向操作的危险。而在趋势确定之后，则可确立进出策略，避免无谓的进出次数，或者发生进出时机不当

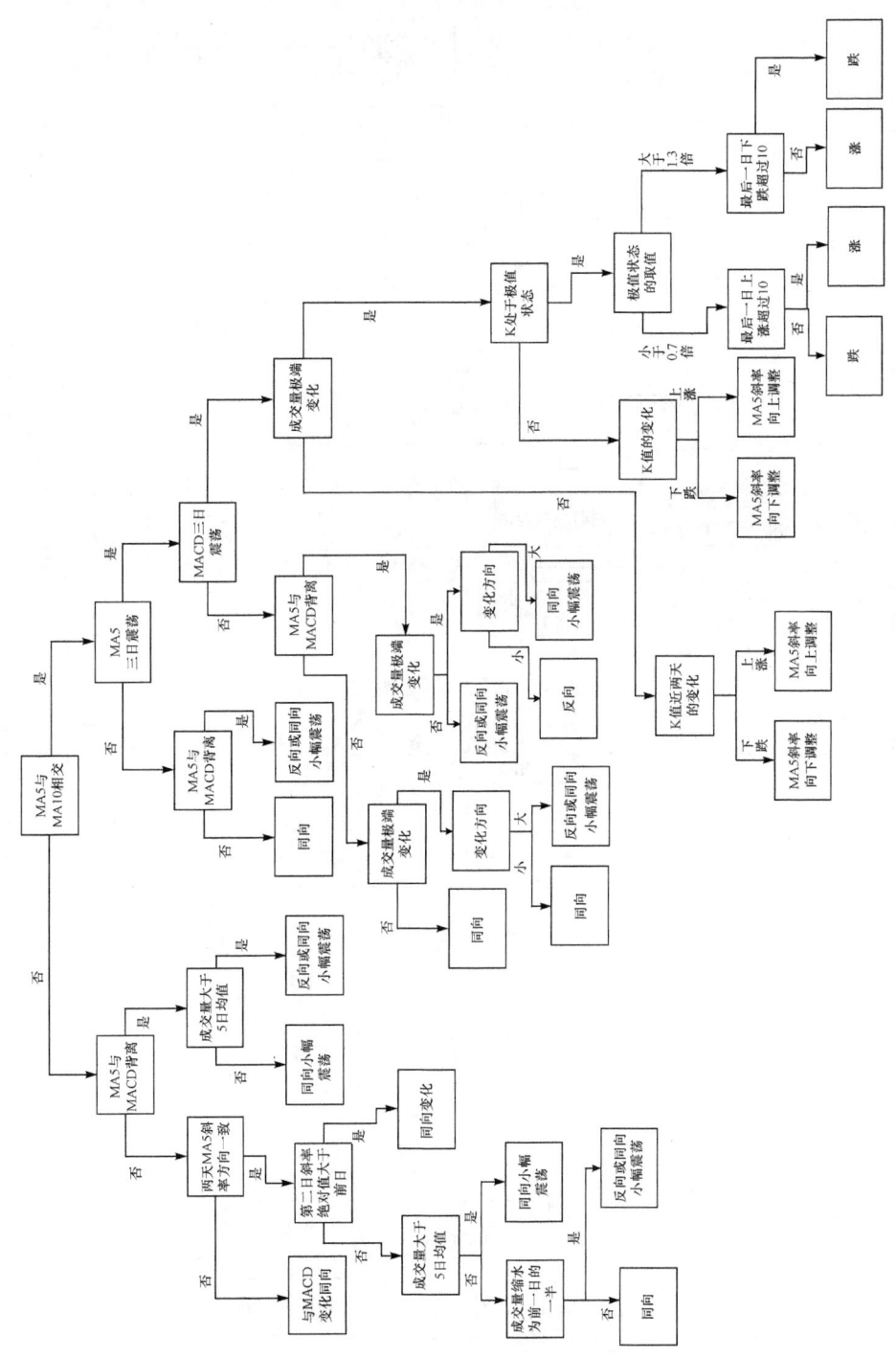

第7章 基于决策树及情感辅助的股票预测

图7-8 基于技术指标的决策树模型

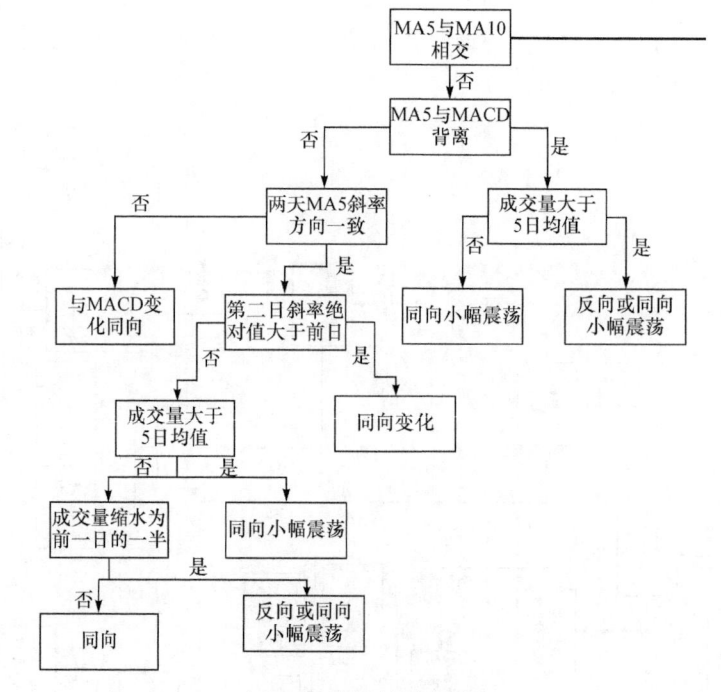

图 7-9　决策树拆分图左

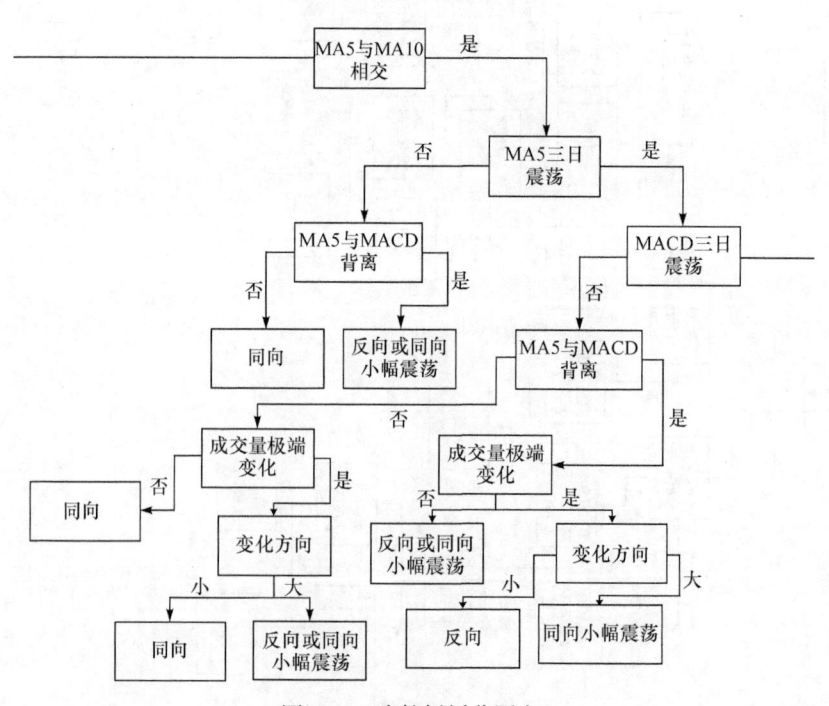

图 7-10　决策树拆分图右

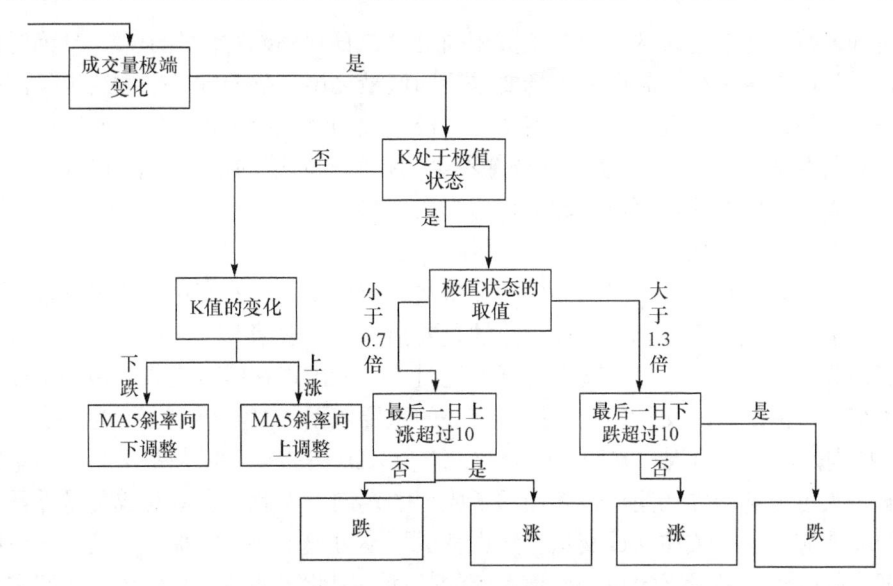

图 7-11　决策树拆分图 MACD 右

的后果。MACD 虽然适于研判中期走势，但不适于短线操作。再者，MACD 可以用来研判中期上涨或下跌行情的开始与结束，但对箱形的大幅震荡走势或焦灼不动的盘面并无价值。同理，MACD 用于分析各股的走势时，较适用于狂跌的投机股，对于价格甚少变动的所谓牛股则不适用。在股市判断中的实战作用主要有帮助判断股价底部、帮助判断股价顶部、帮助判断回调结束、帮助判断反弹结束。最为明显的时候就是 MACD 的走向与均线走向相反的时候也就是所谓的背离，如图 7-12、图 7-13 所示，在股价接连创出新高的时候 MACD 不升反降，后续股市也随之下跌，在股价创出新低时 MACD 反升，后续股市上涨。

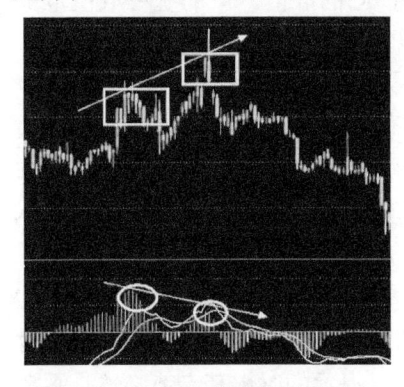

图 7-12　MACD 背离情况展示一 　　　　图 7-13　MACD 背离情况展示二

（3）5 日平均线（MA5）斜率的变化。

在一波上涨或者下跌行情开始后，5 日均线的走向往往会连续多日朝同一方向前进，特别是在连续两日斜率正负相同且第二日斜率绝对值大于第一日绝对值的时候，可以看见第三日即使市场要进行回调最终第三日的 5 日平均线也是同一走势，只不过变换程度可能小于前两日，极少数的情况会出现反转。同时以趋势预测的角度来看，1 次、2 次的回调并不会大幅影响后续的走势，某种程度来说，为了计算的简便性我们可以对此进行适当的忽略。

（4）成交量的变化。

成交量是指在某一时段内具体的交易数。市场成交量的变化反映了资金进出市场的情况，成交量是判断市场走势的重要指标。一般情况下，成交量大且价格上涨的股票，趋势向好。成交量持续低迷时，一般出现在熊市或股票整理阶段，市场交易不活跃。成交量是判断股票走势的重要依据，对分析主力行为提供了参考。特别是成交量出现大幅变动的时候，结合 KDJ 等指标可以判断出买盘力量的强弱，买盘力量的强弱间接也就预示了股市的走向，因此投资者对成交量异常波动的股票应当密切关注，成交量自然也就成了不可缺少的判定指标。凡是股市中出现大的变动交易量必定也会出现大幅的变动，因此正如图 7-8 所示，我们定义了交易量的极端状态（极值状态）即当天交易量大于 5 日日均交易量的 1.3 倍或者小于 5 日日均交易量的 0.7 倍。

（5）KDJ 中 K 值的变化。

KDJ 指标是技术分析人员经常使用的一种指标，此种指标的优点在于反应迅速，能给出非常明显的进货信号和出货信号。K 线是快速确认线，D 线是慢速主干线，由于在进入 KDJ 指标判断前我们已经对均线及 MACD 等趋势指标做出了判定，所以在这里我们仅需要对快速确认线也就是 K 线进行判断即可。关于 KDJ 指标的作用，首先，K 指标的背离，K 处在高位或低位，如果出现与股价走向的背离，则是采取行动的信号。其次，关于 K 的取值，K 的统一取值范围是 0～100，我们可以将其划分为 3 个区域：70 以上为超买区，30 以下为超卖区，其余为徘徊区。这种划分是一个信号提示，超买区即买盘过多，超出了原本该股票的正常值。此时如果处在牛市那么股价还有可能存在上涨的空间，否则会下跌。反之，超卖区即卖盘过多，如果处在熊市则股价可能进一步下跌，否则会反弹。当然为了排除偶然性对超买超卖信号的干扰，我们定义了超买超卖状态（K 的极值状态）即连续 3 天大于 70 为超买，连续 3 天小于 30 为超卖。

2）背离与震荡的判定

如图 7-12 和图 7-13 中出现了震荡以及背离，此时决策树模型更加偏重于对趋势的预测，而大部分的趋势指标在给出明显信号提示的时候其走势必然是平滑一致的，如果出现震荡的走势那么判定必然会受到影响，所以在本节中，我们会对震荡以及背离状态作出界定，以便更好地判定。

（1）震荡。

震荡的本意是震动摆荡，不安定，处于动荡状态，就一般理解而言股市走势需要在指定时间段内同时出现上涨或下跌两种情况，才能够被称为震荡。但是此次构建的决策树模型中，我们指定的时间间隔为三天，相对较短。如果以普通理解来定义震荡状态，则会导致震荡状态出现的次数过少，对需要震荡作为前提的后续分支的准确性无法做到更多更好的验证，同时也会导致最终分类结果太过于依赖趋势指标而变得不准确。所以我们将这里的震荡定义为斜率绝对值的变化程度。具体判定步骤如下：

①分别计算由第三天数值与第二天数值、第二天数值与第一天数值连线的斜率，记为 $w1$ 与 $w2$；

②如果两个斜率正负不同则直接判定为震荡；

③如果两个斜率正负相同，则当 $w1$ 的绝对值大于等于 $w2$ 视为平滑走势，否则视为震荡。

（2）背离。

背离是趋势指标释放信号的一个重要状态，就一般常用的手法而言，背离的看法往往是将一段时间里的两个极值点相连，然后根据其斜率再来判断是否背离。然而这种方法存在比较严重的滞后性。特别是我们无法准确知道后续走势的情况下，当能够明显看出极值点的时候，此时股市的行情往往都已经完结，与我们的意愿相悖。所以在本章中我们将背离的判定设为如下两个步骤：

①分别计算 5 日平均线与 MACD 第三日和第一日连线的斜率，记为 $y1$ 和 $y2$；

②如果 $y1$ 和 $y2$ 的斜率的正负相反则视为背离。

7.2.2 决策树模型的实现以及结果展示

由于在决策树模型中包括的 5 日均线、10 日均线、MACD、KDJ 指标都需要进行计算，而在我们的数据来源上只保存了每日的最高价、最低价、收盘价等基础数据，因此我们定义了一个 DayData 类来保存每日的计算结果以方便后续建立数组来遍历判断每日的结果。表 7-6 为 DayData 类的详细参数以及方法设计。

表 7-6 **DayData** 类详细设计表

参数名或方法名	备注
FiveMAData	用于保存当天的 5 日均线数据
FiveMADataPrev	用于保存昨天的 5 日均线数据
FiveMADataPPrev	用于保存前天的 5 日均线数据
TenMAData	用于保存当天的 10 日均线数据
TenMADataPrev	用于保存昨天的 10 日均线数据

续表

参数名或方法名	备注
MACDData	用于保存当天的 MACD 数据
MACDDataPrev	用于保存昨天的 MACD 数据
MACDDataPPrev	用于保存前天的 MACD 数据
DealNum	用于保存当天的交易量数据
DealNumFive	用于保存交易量的 5 日均值
KData	用于保存当天的 K 值数据
KDataPrev	用于保存昨天的 K 值数据
KDataPPrev	用于保存前天的 K 值数据
dayData（ ）	初始化类的方法
getData（ ）	方法，用于从类中提取所需要的数据

对于一般决策树来说，原数据都是全部直接进入模型然后开始分类，但是由于本章的模型判断条件相对较多，不太适用于类似广度优先的处理方法，因此我们采用对每日数据逐一判断（类似于深度优先，待一日数据判断完之后再判断下一日数据）的方法来实现。我们以 2018 年 9 月 18 日山河智能的数据为例来详细说明决策树的计算步骤。

（1）首先我们根据保存的最高价、最低价、收盘价等股市基础数据计算出 DayData 类各个参数的对应取值，如表 7-7 所示。然后我们将数据代入决策树，首先判断 5 日均线与 10 日均线是否可能相交。通过计算（FiveMAData–FiveMADataPrev =0.03）＞（TenMAData–TenMADataPrev = –0.01）并且 FiveMADataPrev<TenMADataPrev 说明原先 5 日均线在 10 日均线之下，现 5 日均线正向变化而 10 日均线负向变化两者必定会产生交点，由此我们进入三日均线震荡判定条件。

表 7-7　DayData 类结果表

参数名	取值
FiveMAData	6.48
FiveMADataPrev	6.45
FiveMADataPPrev	6.47
TenMAData	6.47
TenMADataPrev	6.48
MACDData	−0.03
MACDDataPrev	−0.06

续表

参数名	取值
MACDDataPPrev	−0.05
DealNum	4.83
DealNumFive	3.44
KData	49.03
KDataPrev	27.12
KDataPPrev	34.10

（2）根据我们之前对震荡的定义，FiveMAData−FiveMADataPrev>0 而 FiveMADataPrev−FiveMADataPPrev<0 三日均线处于震荡状态。同理 MACDData−MACDDataPrev>0 而 MACDDataPrev−MACDDataPPrev<0，MACD 也处于震荡状态由此我们进入交易量判定条件。

（3）接着当日交易量达到 4.83 时，大于 5 日平均交易量的 1.4 倍，因此，可以进一步对 K 值进行判断。

（4）根据之前对 K 的极值状态的定义，该股票并没有处于超买或者超买的状态，所以我们进入 K 值变化的判断，最终 K 值正向变化，我们得到了 5 日均线会正方向调整的结论。

图 7-14 为自 2018 年 7 月 2 日至 2018 年 12 月 31 日对山河智能股票的部分决策树的结果展示。

日期	结果	实际	对比结果	日期	结果	实际	对比结果
2018年7月2日	同向	涨	对	2018年8月15日	同向小幅震荡	跌	错
2018年7月3日	同向	跌	错	2018年8月16日	同向	跌	对
2018年7月4日	同向	涨	对	2018年8月17日	同向	跌	对
2018年7月5日	反向	跌	对	2018年8月20日	同向	涨	错
2018年7月6日	同向	跌	对	2018年8月21日	涨	涨	对
2018年7月9日	M5向上调整	向下	错	2018年8月22日	同向	跌	对
2018年7月10日	同向小幅震荡	跌	对	2018年8月23日	同向	涨	错
2018年7月11日	同向小幅震荡	涨	错	2018年8月24日	同向	跌	错
2018年7月12日	反向或同向小幅震荡	涨	不确定	2018年8月27日	同向	跌	对
2018年7月13日	同向	涨	对	2018年8月28日	M5向下调整	跌	对
2018年7月16日	同向	涨	对	2018年8月29日	M5向下调整	跌	对
2018年7月17日	同向	涨	对	2018年8月30日	同向	跌	对
2018年7月18日	同向	跌	对	2018年8月31日	同向	跌	对
2018年7月19日	M5向下调整	涨	错	2018年9月3日	同向	跌	对
2018年7月20日	反向或同向小幅震荡	涨	不确定	2018年9月4日	同向	跌	对
2018年7月23日	同向	跌	对	2018年9月5日	同向	跌	对
2018年7月24日	同向	跌	对	2018年9月6日	同向	跌	对
2018年7月25日	同向	跌	对	2018年9月7日	同向	跌	对
2018年7月26日	同向	涨	对	2018年9月10日	M5向上调整	向下调整	错
2018年7月27日	同向小幅震荡	跌	对	2018年9月11日	同向小幅震荡	跌	对
2018年7月30日	反向或同向小幅震荡	跌	不确定	2018年9月12日	M5向上调整	向上调整	对
2018年7月31日	反向或同向小幅震荡	跌	不确定	2018年9月13日	同向	涨	对
2018年8月1日	同向	跌	对	2018年9月14日	同向	涨	对
2018年8月2日	同向	跌	对	2018年9月17日	与MACD变化同向	涨	对
2018年8月3日	同向	跌	对	2018年9月18日	M5向上调整	涨	对
2018年8月6日	同向	跌	对	2018年9月19日	同向	涨	对
2018年8月7日	同向小幅震荡	跌	对	2018年9月20日	同向	跌	错
2018年8月8日	反向或同向小幅震荡	涨	不确定	2018年9月21日	与MACD变化同向	涨	对
2018年8月9日	反向或同向小幅震荡	涨	不确定	2018年9月25日	同向	跌	对
2018年8月10日	同向	涨	对	2018年9月26日	同向小幅震荡	涨	对
2018年8月13日	同向	涨	对	2018年9月27日	M5向下调整	涨	错
2018年8月14日	同向	涨	对	2018年9月28日	同向小幅震荡	跌	错

图 7-14　山河智能股票部分决策树结果

根据得到的结果统计，总共预测天数为 124 天，其中，对比结果为正确的天数为 88 天，占总数的 70.97%，错误天数为 25 天，占总数的 20.16%，不确定的天数为 11 天，占总数的 8.87%。我们的决策数模型从上至下按每经过一次判定分层可分为 7 层，计算过程中在第 4 层得到确定结果的天数为 85 天，占总数的 68.55%，第 5 层得到结果的天数为 14 天，占总数的 11.29%，第 6 层得到结果的天数为 28 天，占总天数的 22.58%，第 7 层得到结果的天数为 4 天，占总天数的 3.23%。至此我们可以认为设计的决策树模型针对山河智能这支股票具有一定的预测作用，而模型的通用性则需要进一步验证。

7.3 决策树模型的验证

7.3.1 情绪结果的融合决策树

在得到以股票指标为主的决策树之后，我们可以发现决策树的最终结果中存在一些模棱两可的结果，如反向或同向小幅震荡等。形成这种结果的最大原因在于我国股民的趋从性，也就是所谓的跟风效应。观察股市的价格波动可以发现，明明一支股票的股价已经连续上涨并且远远超过估值，溢价率超过 50%，按一般市场规律来看，此时股价理应回落，并逐渐向估值靠拢，但是实际上股价并不会马上按照市场规律执行，可以看到此时往往有许多小散户跟风买进，而主要庄家则借此时少量卖出增加交易量，以此吸引更多的"接盘侠"，此时的股价会维持在较高的水准，甚至会出现反市场规律的情况进行继续上涨。作为一个预测模型我们必须考虑到这种情况的可能性。在这种情况下股票的主要买入力量为散户，散户对股票的信心也就是情绪可以说十分关键。因此在这种情况下加入股民的情感数据对股市决策树进行补充，相信会取得比较好的结果。图 7-15 是情绪数据的融合决策树模型，主要在技术指标无法准确判断结果的情况下进行调用。

7.3.2 决策树模型验证

在设计完决策树后，我们开始对模型的结果进行验证。这里我们选取了 20 只股票的数据，分别截取了它们从 2018 年 7 月 1 日到 2018 年 12 月 31 日的指标数据以及情绪数据并导入模型中。为了更好的表示这段时间里的情绪数据，我们设定了一个指标 X。X 的计算公式如下：

$$X = 0.1 \cdot NumUp - 0.1 \cdot NumDown \qquad (7\text{-}18)$$

其中，NumUp 为经过情感分类之后看涨的股评条数，NumDown 为经过情感分类之后看跌的股评条数。当 X 为正数的时候说明整体股评倾向于看涨，X 为负数的时候说明整体股评数据倾向于看跌，当 X 为 0 的时候说明整个市场处于观望状态。由于 20 只股票的展示篇幅过大，因此我们截选了 3 只大盘股和 3 只小盘股总共 6

第 7 章 基于决策树及情感辅助的股票预测

支股票的情感数据（分别是招商银行、广发证券、海康威视、市北高新、山河智能、博瑞传播）并绘制出图 7-16～图 7-21 的情感波动数据图。

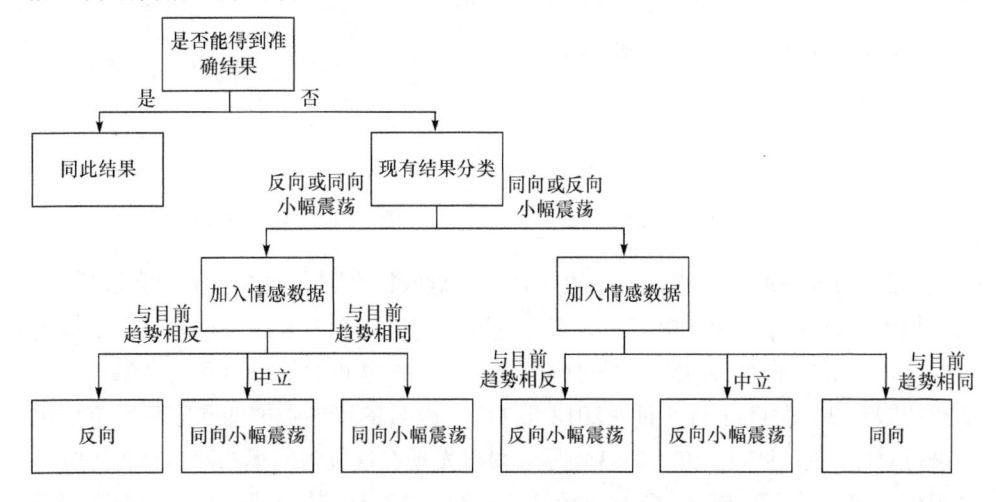

图 7-15 情感数据融合决策树

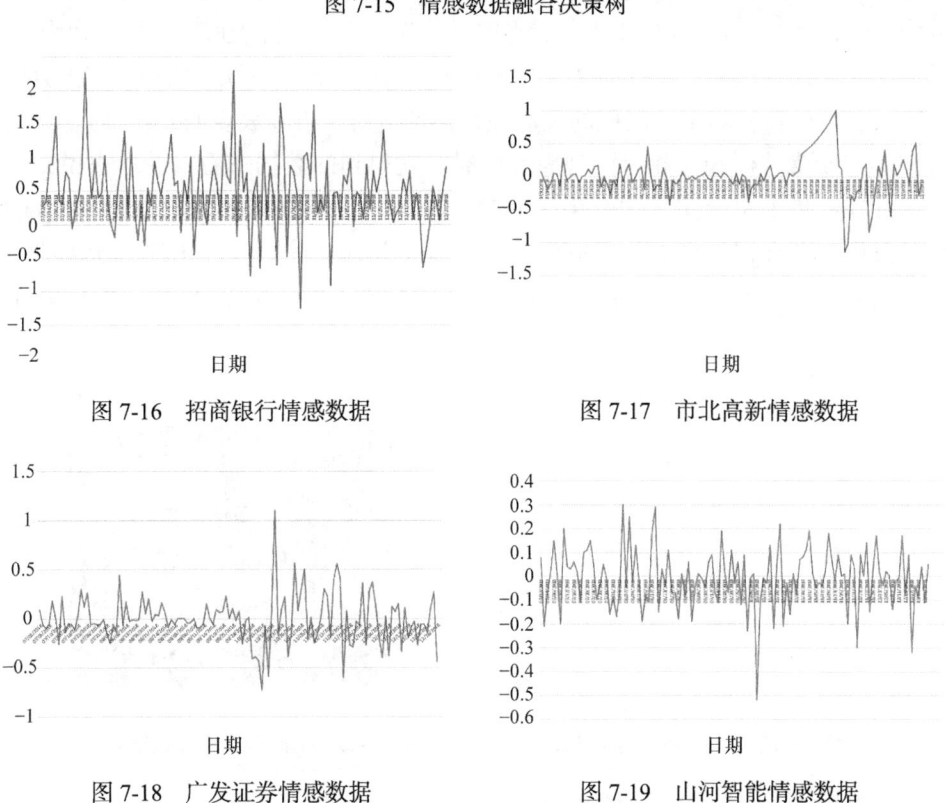

图 7-16 招商银行情感数据

图 7-17 市北高新情感数据

图 7-18 广发证券情感数据

图 7-19 山河智能情感数据

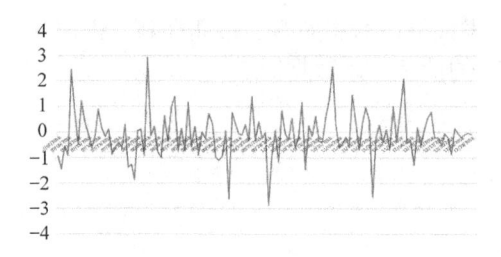

图 7-20　海康威视情感数据 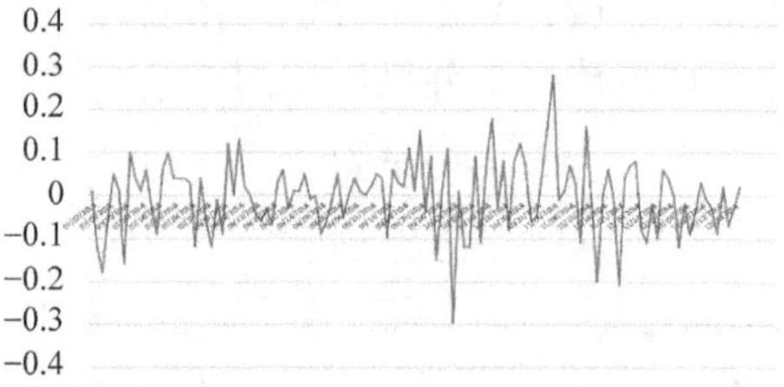　　　　　图 7-21　博瑞传播情感数据

如图 7-16～图 7-21 所示，左边 3 张为大盘股样本，右边 3 张为小盘股样本。很明显大盘股的情绪变化幅度要大于小盘股，这也与大盘股的发帖量高于小盘股有关。为了更好的看出情绪数据对股市的影响，这里我们从已得到的结果里截取了招商银行 2018 年 11 月 5 日～2018 年 11 月 29 日的情绪数据图和实际股市变化图进行对比，如图 7-22 和图 7-23 所示。可以发现在这段时间里招商银行整体股价呈现出比较大的下跌趋势。参与统计的总天数为 19 天，其中情感数据中看跌的天数为 12 天，中立的天数为 3 天，看涨的天数为 4 天。实际上股市下跌天数为 13 天，上涨天数为 6 天。看跌天数与下跌天数仅相差一天，看涨天数和上涨天数出入较大。然而在实际中，股民的反应往往都是落后于市场表现的，特别是拐点、反弹等与股票总体趋势相背的现象发生时。就得到的数据来看，总体来说，情绪指标在趋势上符合实际的变化，虽然在拐点、反弹等与股票总体趋势相背的现象发生时存在误差但并不是完全相悖，也有预测对的时间点出现，所以我们认为情绪指标的加入势必会对仅通过技术指标得到的预测结果有一定的修正作用。

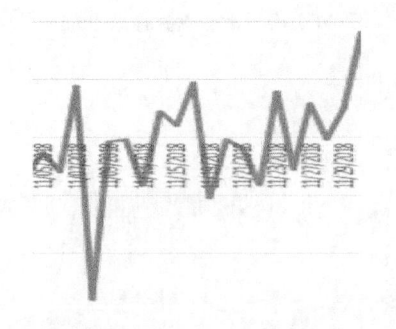

图 7-22　招商银行情感数据截选图 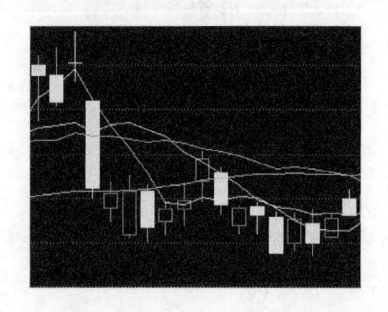　　　图 7-23　招商银行股市数据截选图

将数据代入模型后，经过统计得到了表 7-8 的结果。

第 7 章 基于决策树及情感辅助的股票预测

表 7-8 决策树结果

股票名称	股票代码	预测总天数	仅决策树正确天数	正确占比	加情绪的正确天数	正确占比
市北高新	600604	124	85	68.55%	88	70.97%
京东方 A	000725	124	92	74.19%	95	76.61%
山河智能	002097	124	95	76.61%	99	79.84%
广发证券	000776	124	95	76.61%	96	77.42%
海康威视	002415	124	97	78.23%	97	78.23%
博瑞传播	600880	124	88	70.97%	92	74.19%
海天精工	601882	124	103	83.06%	104	83.87%
三七互娱	002555	124	91	73.39%	96	77.42%
友阿股份	002277	124	98	79.03%	100	80.65%
五洲交通	600368	124	96	77.42%	99	79.84%
中国化学	601117	124	99	79.84%	107	86.29%
南方航空	600029	124	102	82.26%	110	88.71%
东方航空	600115	124	98	79.03%	99	79.84%
重庆水务	601158	124	84	67.74%	90	72.58%
精达股份	600577	124	83	66.94%	87	70.16%
招商银行	600036	124	109	87.90%	114	91.94%
佳创视讯	300264	124	81	65.32%	90	72.58%
兴蓉环境	000598	124	91	73.39%	95	76.61%
中国石油	601857	124	102	82.26%	104	83.87%
中国铁建	601186	124	93	75.00%	99	79.84%

由表 7-8 可以看出对于仅用决策树模型对股市的 5 日均线进行预测的正确率平均值在 71.99%，但是根据股票类型的不同预测结果最大差距达到了 22.14%，针对大盘股或者交易量较大的股票如招商银行等该决策树模型拥有比较好的准确度，但是对于小盘股或者交易量低迷的股票如精达股份则准确度较低。在加入情感辅助之后各股的准确度均有提升，最高提升达到了 7.63%，可见情绪对于股市预测确实有比较明显的作用。

当然作为一个预测模型，除了预测的准确度要高以外还有一个比较重要的指标就是结果的稳定性。如果针对不同股票预测结果差距太大，也是存在问题的。

由表 7-8 我们发现模型对于大盘股或者交易量较大的股票以及小盘股或者交易量低迷的股票其预测结果存在一定的差距，为了更好的验证模型的实用性，我们选取了大盘股或者交易量较大的股票 10 支，小盘股或者交易量低迷的股票 10 支分别对它们应用决策树模型，得到预测正确占比，然后计算标准差，来观察结果的波动情况。表 7-9 为小盘股或者交易量低迷的股票的结果，表 7-10 为大盘股或者交易量较大的股票的结果。同样的我们选取的区间在 2018 年 7 月 1 日～2018 年 12 月 31 日。

表 7-9 小盘股或者交易量低迷的股票

股票名称	股票代码	预测总天数	仅决策树正确天数	正确占比	加情绪的正确天数	正确占比
鸿达兴业	002002	124	81	65.32%	83	66.94%
润邦股份	002483	124	80	64.52%	84	67.74%
光洋股份	002708	124	93	75.00%	95	76.61%
赫美集团	002356	124	88	70.97%	91	73.39%
龙津药业	002750	124	95	76.61%	100	80.65%
友邦吊顶	002718	124	89	71.77%	90	72.58%
盾安环境	002011	124	90	72.58%	92	74.19%
名雕股份	002830	124	83	66.94%	85	68.55%
悦心健康	002162	124	88	70.97%	93	75.00%
广田集团	002482	124	92	74.19%	93	75.00%

表 7-10 大盘股或者交易量较大的股票

股票名称	股票代码	预测总天数	仅决策树正确天数	正确占比	加情绪的正确天数	正确占比
华泰证券	601688	124	108	87.10%	109	87.90%
南京证券	601990	124	90	72.58%	92	74.19%
中信证券	600030	124	92	74.19%	97	78.23%
招商证券	600999	124	100	80.65%	103	83.06%
广发证券	000776	124	94	75.81%	99	79.84%
建设银行	601939	124	106	85.48%	111	89.52%

续表

股票名称	股票代码	预测总天数	仅决策树正确天数	正确占比	加情绪的正确天数	正确占比
交通银行	601328	124	103	83.06%	104	83.87%
农业银行	601288	124	94	75.81%	96	77.42%
工商银行	601398	124	104	83.87%	106	85.48%
招商银行	600036	124	100	80.65%	103	83.06%

根据表 7-9、表 7-10 中的数据，我们依次计算小盘股仅股票决策树的正确占比的平均值为 70.89%，标准差为 0.04，加入情绪数据后的平均值为 73.75%，标准差为 0.04；大盘股仅决策树的正确占比的平均值为 79.92%，标准差为 0.048，加入情绪数据后的平均值为 82.26%，标准差为 0.046。可以发现，两种情况的标准差都在可以接受的范围，总体预测结果比较稳定。小盘股总体的预测正确率低于大盘股，但是加入情绪指标后变得更加不稳定，比较符合小盘股的规律。

综上得到结论：我们构建的决策树模型总体比较稳定，基本达到了本次研究的目的；但是对于大盘股预测的平均正确率要高于小盘股，模型更加适合于大盘股的预测，而情绪数据的加入不管对于小盘股还是大盘股的预测结果都有一定的修正作用。

7.4 本章小结

本章介绍了由 5 日均线、10 日均线、MACD、成交量、KDJ 这 5 个技术指标构建的股票预测决策树模型，并通过实际数据验证了预测模型的可行性。接着构建了情绪数据并融入决策树模型，运用 20 支股票的实际数据验证了情绪数据修正预测结果的必要性和可行性。最后为分析构建的决策树模型对大盘股和小盘股的不同效果，我们选取了大盘股和小盘股各 10 只，运用他们的实际数据再次分析，得到了构建的决策树模型小盘股总体的预测正确率低于大盘股，模型更加适用于大盘股预测的结论。

第 8 章 总结与展望

8.1 本书总结

本书在对金融异常情况分析和研究的基础上,利用机器学习、智能计算的相关技术和方法对金融领域的潜在异常行为进行挖掘。

首先,针对金融欺诈行为,采用了深度学习理论中的深度信念网络(DBN),对欺诈行为进行判断。并提出了一种深度信念网络的欺诈检测模型,通过多层训练、不断调优的过程建立针对信用卡交易的欺诈检测模型。该模型有效地实现了对大量信用卡交易记录的甄别,从中发现异常交易,该模型适用于对时间响应要求不高的离线欺诈检测,且具有清晰的系统检测结构,易于大规模部署。

其次,在股市数据监测中,引入了非负矩阵分解的方法,对股指数据进行非负约束的分解。该分解能从大量的股指数据中提取出最具特征表达的权系数矩阵,从而构成该矩阵的向量,隐式表达了股指特征,然后进一步用小波对这些时序向量进行分解,从分解后产生的波形中判断出异常波动,实证分析发现,我们的方法与实际情况吻合,具有较高的检测精度。

再次,针对信用贷款的违约预测引入了卷积神经网络(CNN),构建了一个基于评分融合的卷积神经网络的贷款违约预测模型,并成功用于"Give Me Some Credit"项目的测试。通过 CNN 衍生出来的六个模型的测试表明,评分融合模型具有较好的预测效果。该模型可用于商业贷款数据分析,建立贷款人的信用评级。

最后,用网络爬虫抓取股票评论吧的评论数据,再使用较为频繁的分词器和特征提取方法进行组合来对评论数据进行分类,比较它们的分类效果,从中选取最好的组合对评论数据进行最终的分类整合,得到当天的情绪指标。接着根据股市的 5 日均线、10 日均线、MACD、成交量、KDJ 这五个指标构建决策树模型,依靠决策树模型得到股市预测的初始结果。在无法通过决策树模型得到准确判断的情况下将初始结果与情绪指标相结合得到最终的预测结果。希望可以借助这种以股票实际技术指标为基础加上股民情绪分析为辅助的方法较为准确地对股市走势进行预测。

8.2 研究展望

人工智能近年来的发展如火如荼，在各个行业和领域都有广泛的应用。模式识别作为人工智能方向最具研究和应用前景的技术，在自动驾驶、智慧医疗、智慧城市、电子政务、电子商务、智慧教育、智能交通、智慧金融等许多领域都有成功的应用案例。由于世界上众多研究者不断推进模式识别的理论和技术体系的发展，这些研究者来自不同的学科和领域，学科间的融合和交流进一步促进模式识别体系完善。本书作者针对金融领域中面临的各种数据分析、数据行为监测、异常交易检测等带来的海量数据处理问题，采用了模式识别的相关技术和方法对金融领域存在的数据行为进行分析，以期发现对经济活动有价值、有意义的现象和规律，检测出那些对金融活动不利的行为，确保金融发展的正常进行。

模式识别是近年来人工智能领域比较热门的理论，本书把前沿的理论和技术迁移到金融领域，特别是针对金融领域的异常行为的分析和检测，在理论框架上、具体方法上还有许多亟待完善的地方。需进一步研究模式识别的相关算法在金融数据集上的适应性，构建更完善的检测体系和框架；考虑金融数据涉及行业和领域较多，存在异构数据集，模式识别如何去适应异构的金融数据也是一个重要的研究问题；模式识别过程中的层次化结构，如何去表示金融数据的特征，更清晰明确地去解释金融行为或现象，也是我们以后研究和关注的方向。

参 考 文 献

[1] Khatkhate A, Gupta S, Ray A, et al. Anomaly detection in flexible mechanical couplings via symbolic time series analysis[J]. Journal of Sound and Vibration, 2008, 311(3-5): 608-622.

[2] Vlachos M, Wu K L, Chen S K, et al. Fast burst correlation of financial data[C]//European Conference on Principles of Data Mining and Knowledge Discovery, Berlin: Springer, 2005: 368-379.

[3] Fama E F. The behavior of stock-market prices[J]. The Journal of Business, 1965, 38(1): 34-105.

[4] Mandelbrot B B. Citation classic – the variation of certain speculative prices[J].Current Contents/ Social & Behavioral Sciences, 1982: 20.

[5] Engle R F. Autoregressive conditional heteroskedasticity with estimates of the variance of United Kingdom inflation[J]. Econometrica: Journal of the Econometric Society, 1982: 987-1007.

[6] Bollerslev T. Generalized autoregressive conditional heteroskedasticity[J]. Journal of Econometrics, 1986, 31(3): 307-327.

[7] Bollerslev T. A conditionally heteroskedastic time series model for speculative prices and rates of return[J]. Review of Economics and Statistics, 1987, 69(3): 542-547.

[8] Glosten L R, Jagannathan R, Runkle D E. On the relation between the expected value and the volatility of the nominal excess return on stocks[J]. The Journal of Finance, 1993, 48(5): 1779-1801.

[9] Nelson D B. Conditional heteroskedasticity in asset returns: A new approach[J]. Econometrica: Journal of the Econometric Society, 1991: 347-370.

[10] Tsay R S. Conditional heteroskedastic time series models[J]. Journal of the American Statistical Association, 1987, 82(398): 590-604.

[11] Melino A, Turnbull S M. Pricing foreign currency options with stochastic volatility[J]. Journal of Econometrics, 1990, 45(1-2): 239-265.

[12] 徐正国, 张世英. 高频金融时间序列研究:回顾与展望[J]. 西北农林科技大学学报(社会科学版), 2005, 5(1): 62-67.

[13] Andersen T G, Bollerslev T. Answering the critics: Yes, ARCH models do provide good volatility forecasts[J]. International Economic Reviews, 1998, 39: 885-905.

[14] 徐正国, 张世英. 多维高频数据的"已实现"波动建模研究[J]. 系统工程学报, 2006, 21(1): 6-11.

[15] Sakata S, White H. High breakdown point conditional dispersion estimation with application to S&P 500 daily returns volatility[J]. Econometrica, 1998, 66(3): 529.

[16] Bilen C, Huzurbazar S. Wavelet-based detection of outliers in time series[J]. Journal of Computational and Graphical Statistics, 2002, 11(2): 311-327.

[17] Franses P H, Ghijsels H. Additive outliers, GARCH and forecasting volatility[J]. International

Journal of Forecasting, 1999, 15(1): 1-9.

[18] Doornik J A, Ooms M. Outlier detection in GARCH models[R]. Oxford: University of Oxford, 2005.

[19] Zhang X, King M L. Influence diagnostics in generalized autoregressive conditional heteroskedasticity processes[J]. Journal of Business & Economic Statistics, 2005, 23(1): 118-129.

[20] Grané A, Veiga H. Wavelet-based detection of outliers in financial time series[J]. Computational Statistics & Data Analysis, 2010, 54(11): 2580-2593.

[21] 曲吉林. 基于数据挖掘技术的金融时间序列异常检测[C]// 中国财务学年会暨财务理论与实务论坛, 2008.

[22] Ray A. Symbolic dynamic analysis of complex systems for anomaly detection[J]. Signal Processing, 2004, 84(7): 1115-1130.

[23] Chin S C, Ray A, Rajagopalan V. Symbolic time series analysis for anomaly detection: A comparative evaluation[J]. Signal Processing, 2005, 85(9): 1859-1868.

[24] 郑光远, 刘峡壁, 韩光辉. 医学影像计算机辅助检测与诊断系统综述[J]. 软件学报, 2018, 29(5): 299-342.

[25] Adewumi A O, Akinyelu A A. A survey of machine-learning and nature-inspired based credit card fraud detection techniques[J]. International Journal of System Assurance Engineering and Management, 2017, 8(2): 937-953.

[26] 林闯, 肖岩平, 王元卓, 等. 网络保护质量研究[J]. 计算机学报, 2008, 31(10): 1667-1678.

[27] Chandola V, Banerjee A, Kumar V. Anomaly detection: A survey[J]. ACM Computing Surveys (CSUR), 2009, 41(3): 15.

[28] Sabau A S. Survey of clustering based financial fraud detection research[J]. Informatica Economica, 2012, 16(1): 110.

[29] Phua C, Lee V, Smith K, et al. A comprehensive survey of data mining-based fraud detection research[J]. Artificial Intelligence Review, 2010.

[30] Patcha A, Park J M. An overview of anomaly detection techniques: Existing solutions and latest technological trends[J]. Computer Networks, 2007, 51(12): 3448-3470.

[31] Hodge V, Austin J. A survey of outlier detection methodologies[J]. Artificial Intelligence Review, 2004, 22(2): 85-126.

[32] Markou M, Singh S. Novelty detection: A review—part 2: Neural network based approaches[J]. Signal Processing, 2003, 83(12): 2499-2521.

[33] Pastuchová E, Václavíková Š. Cluster analysis–data mining technique for discovering natural groupings in the data[J]. Journal of Electrical Engineering, 2013, 64(2): 128-131.

[34] Han J W, Micheline K, Pei J, et al. 数据挖掘: 概念与技术[M]. 范明, 孟小峰, 译. 北京: 机械工业出版社, 2012: 290-295.

[35] Charest L, Plante J F. Using balanced iterative reducing and clustering hierarchies to compute approximate rank statistics on massive datasets[J]. Journal of Statistical Computation and Simulation, 2014, 84(10): 2214-2232.

[36] Fox A J. Outliers in time series[J]. Journal of the Royal Statistical Society: Series B

(Methodological), 1972, 34(3): 350-363.

[37] Barnett V, Lewis T, Abeles F. Outliers in Statistical Data. London: John Wiley, 1994.

[38] 李子奈, 周建. 宏观经济统计数据结构变化分析及其对中国的实证[J]. 经济研究, 2005(1):15-26.

[39] 黄后川, 陈浪南. 中国股票市场波动率的高频估计与特性分析[J]. 经济研究, 2003(2):75-82.

[40] 兰秋军. 金融时间序列隐含模式挖掘方法及其应用研究[D]. 长沙: 湖南大学, 2005.

[41] Breunig M M, Kriegel H P, Ng R T, et al. LOF: Identifying density-based local outliers[C]//ACM Sigmod Record. ACM, 2000, 29(2): 93-104.

[42] Hollow M. Rogue Banking: A History of Financial Fraud in Interwar Britain[M]. Berlin: Springer, 2014.

[43] Kim Y J, Baik B, Cho S. Detecting financial misstatements with fraud intention using multi-class cost-sensitive learning[J]. Expert Systems with Applications, 2016, 62: 32-43.

[44] Fayyad U, Piatetsky-Shapiro G, Smyth P. From data mining to knowledge discovery in databases[J]. AI Magazine, 1996, 17(3): 37-54.

[45] 孟祥福, 马宗民, 张霄雁, 等. 基于改进决策树算法的Web数据库查询结果自动分类方法[J]. 计算机研究与发展, 2012, 49(12): 2656-2670.

[46] de Sá A G C, Pereira A C M, Pappa G L. A customized classification algorithm for credit card fraud detection[J]. Engineering Applications of Artificial Intelligence, 2018, 72: 21-29.

[47] Sovilj-Nikić S, Sovilj-Nikić I, Marković M. Meta learning approach to phone duration modeling[J]. Tehnički Vjesnik, 2018, 25(3): 855-860.

[48] 黄守坤. 异常数据挖掘及在经济欺诈发现中的应用[J]. 统计与决策, 2003, (4): 32-33.

[49] Joudaki H, Rashidian A, Minaci-Bidgoli B, et al. Improving fraud and abuse detection in general physician claims: A data mining study[J]. International Journal of Health Policy and Management, 2016, 5(3): 165.

[50] Ravisankar P, Ravi V, Rao G R, et al. Detection of financial statement fraud and feature selection using data mining techniques[J]. Decision Support Systems, 2011, 50(2): 491-500.

[51] Chan P K, Fan W, Prodromidis A L, et al. Distributed data mining in credit card fraud detection[J]. IEEE Intelligent Systems, 1999, (6): 67-74.

[52] Hinton G E, Osindero S, Teh Y W. A fast learning algorithm for deep belief nets[J]. Neural Computation, 2006, 18(7): 1527-1554.

[53] Montúfar G, Ay N, Ghazi-Zahedi K. Geometry and expressive power of conditional restricted Boltzmann machines[J]. The Journal of Machine Learning Research, 2015, 16(1): 2405-2436.

[54] Hinton G E. Training products of experts by minimizing contrastive divergence[J]. Neural Computation, 2002, 14(8): 1771-1800.

[55] 高汝召. 中国经济政策不确定性下的股票市场和国债市场间相关性研究[D]. 南京: 南京大学, 2016.

[56] 郑秀君. 美国次贷危机国内外理论研究和实证研究文献综述[J]. 江苏商论, 2012, (8): 142-146.

[57] 朱仕青. 浅析证券投资基金对证券市场稳定发展的作用[J]. 现代经济信息, 2015, (7): 371.

[58] Lee D D, Seung H S. Learning the parts of objects by non-negative matrix factorization[J]. Nature, 1999, 401(6755): 788.

[59] Yoo J, Choi S. Orthogonal nonnegative matrix tri-factorization for co-clustering: Multiplicative updates on stiefel manifolds[J]. Information Processing & Management, 2010, 46(5): 559-570.

[60] Lee H, Yoo J, Choi S. Semi-supervised nonnegative matrix factorization[J]. IEEE Signal Processing Letters, 2009, 17(1): 4-7.

[61] Cichocki A, Cruces S, Amari S. Generalized alpha-beta divergences and their application to robust nonnegative matrix factorization[J]. Entropy, 2011, 13(1): 134-170.

[62] 刘铁牛. 商业银行贷款违约模型研究综述[J]. 湖南商学院学报, 2009, 16(3):90-93.

[63] Weingartner H M. Concepts and utilization of credit-scoring techniques[J]. Banking, 1966, 58: 51-53.

[64] Myers J H, Forgy E W. The development of numerical credit evaluation systems[J]. Journal of the American Statistical Association, 1963, 58(303): 799-806.

[65] Banasik J, Crook J N, Thomas L C. Not if but when will borrowers default[J]. Journal of the Operational Research Society, 1999, 50(12): 1185-1190.

[66] Altman E I. Financial ratios, discriminant analysis and the prediction of corporate bankruptcy[J]. The Journal of Finance, 1968, 23(4): 589-609.

[67] Henley W E, Hand D J. AK-nearest-neighbour classifier for assessing consumer credit risk[J]. Journal of the Royal Statistical Society: Series D(The Statistician), 1996, 45(1): 77-95.

[68] 晏艳阳, 莫如冰. 基于多级模糊综合评判法的个人信用评分模型研究[J]. 财经理论与实践, 2009, 30(2): 7-12.

[69] 张成虎, 李育林. 基于神经网络的个人信用评分模型研究[J]. 云南师范大学学报(哲学社会科学版), 2008, 40(6): 87-93.

[70] Durand D. Risk elements in consumer installment financing[M]. New York: National Bureau of Economic Research, 1941.

[71] Orgler Y E. A credit scoring model for commercial loans[J]. Journal of Money, Credit and Banking, 1970, 2(4): 435-445.

[72] Wiginton J C. A note on the comparison of logit and discriminant models of consumer credit behavior[J]. Journal of Financial and Quantitative Analysis, 1980, 15(3): 757-770.

[73] Nath R, Jackson W M, Jones T W. A comparison of the classical and the linear programming approaches to the classification problem in discriminant analysis[J]. Journal of Statistical Computation and Simulation, 1992, 41(1-2): 73-93.

[74] Lahsasna A, Ainon R N, Teh Y W. Credit scoring models using soft computing methods: A survey[J]. International Arab Journal of Information Technology, 2010, 7(2): 115-123.

[75] Davis R H, Edelman D B, Gammerman A J. Machine-learning algorithms for credit-card applications[J]. IMA Journal of Management Mathematics, 1992, 4(1): 43-51.

[76] Rosenberg E, Gleit A. Quantitative methods in credit management: A survey[J]. Operations Research, 1994, 42(4): 589-613.

[77] Desai V S, Crook J N, Overstreet Jr G A. A comparison of neural networks and linear scoring models in the credit union environment[J]. European Journal of Operational Research, 1996,

95(1): 24-37.

[78] Yang Y. Adaptive credit scoring with kernel learning methods[J]. European Journal of Operational Research, 2007, 183(3): 1521-1536.

[79] Bellotti T, Crook J. Support vector machines for credit scoring and discovery of significant features[J]. Expert Systems with Applications, 2009, 36(2): 3302-3308.

[80] Huang C L, Chen M C, Wang C J. Credit scoring with a data mining approach based on support vector machines[J]. Expert Systems with Applications, 2007, 33(4): 847-856.

[81] Lee T S, Chiu C C, Lu C J, et al. Credit scoring using the hybrid neural discriminant technique[J]. Expert Systems with Applications, 2002, 23(3): 245-254.

[82] Fantazzini D, Figini S. Random survival forests models for SME credit risk measurement[J]. Methodology and Computing in Applied Probability, 2009, 11(1): 29-45.

[83] West D, Dellana S, Qian J. Neural network ensemble strategies for financial decision applications[J]. Computers & Operations Research, 2005, 32(10): 2543-2559.

[84] Finlay S. Multiple classifier architectures and their application to credit risk assessment[J]. European Journal of Operational Research, 2011, 210(2): 368-378.

[85] 叶强, 张洁. 基于遗传算法的多分类器融合模型在信用评估中的应用[J]. 哈尔滨工业大学学报, 2006, 38(9): 1504-1505.

[86] 杨海江, 魏秋萍, 张景肖. 基于改进的 AdaBoost 算法的信用评分模型[J]. 统计与信息论坛, 2011, 26(2): 27-31.

[87] 高清辉. 论投资者情绪对股市的影响[J]. 经济纵横, 2005, (4): 34-36.

[88] 林宇, 黄迅, 徐凯. 基于 RU-SMOTE-SVM 的金融市场极端风险预警研究[J]. 预测, 2013, (4):15-20.

[89] Zhang X, Hu Y, Xie K, et al. A causal feature selection algorithm for stock prediction modeling[J]. Neurocomputing, 2014, 142: 48-59.

[90] Tian M W, Yan S R, Tian X X, et al. Research on image recognition method of bank financing bill based on binary tree decision[J]. Journal of Visual Communication and Image Representation, 2019, 60: 123-128.

[91] Jorge A M, Campos R, Jatowt A, et al. Information processing & management journal special issue on narrative extraction from texts (text2Story) preface[J].Information Processing & Management, 2019, 56: 1771-1774.

[92] Liu F, Mao Q, Wang L, et al. An emotion-based responding model for natural language conversation[J]. World Wide Web, 2019, 22(2): 843-861.

[93] White C N, Liebman E, Stone P. Decision mechanisms underlying mood-congruent emotional classification[J]. Cognition and Emotion, 2018, 32(2): 249-258.

[94] Chen Y, Hao Y. A feature weighted support vector machine and K-nearest neighbor algorithm for stock market indices prediction[J]. Expert Systems with Applications, 2017, 80: 340-355.

[95] Whitten K L, Rein M F, Land D J, et al. The emotional experience of intercourse and sexually transmitted diseases: A decision-tree analysis[J]. Sexually Transmitted Diseases, 2003, 30(4): 348-356.